वैदिक गणित

वैदिक गणित

प्रवीण कुमार बंद्रवाल

सन शाइन बुक्स
दरियागंज, नई दिल्ली-110002

ISBN : 978-81-94573-12-8

मूल्य : 450.00

प्रथम संस्करण : 2024

प्रकाशक : **सन शाइन बुक्स**
4760-61, द्वितीय तल
23, अंसारी रोड, दरियागंज
नई दिल्ली-110002

शब्द-संयोजन : गुप्ता कम्प्युनिकेशन, शाहदरा, दिल्ली-110032

मुद्रक : वी.के. ऑफसेट, नवीन शाहदरा, दिल्ली-110032

VAIDIK GANIT *by* **Praveen Kumar Bandrawal**

भूमिका

क्या भारत में गणित का संबंध जीवन, मृत्यु और निर्वाण के दर्शन से रहा है? बीबीसी के विज्ञान कार्यक्रम के लिए इसी विषय की पड़ताल कर रहे हैं गणित से जुड़े विषयों पर लिखने वाले लेखक एलेक्स बेलौस भारत के गणितज्ञों को संख्याओं की शुरुआत करने का श्रेय जाता है। सदियों पहले भारत ने दुनिया को संख्याओं का चमत्कारिक तोहफा दिया था। शून्य का आविष्कार भी भारत में ही हुआ, जिसके आधार पर गणित की सारी बड़ी गणनाएँ होती हैं। भारत में हिंदू, बौद्ध और जैन धर्म में संख्याओं और निर्वाण के आपसी संबंध की अलग–अलग व्याख्या की गई है। लेकिन क्या वाकई गणित की संख्याओं और निर्वाण का आपस में कोई संबंध है? भारत के प्रतिष्ठित गणितज्ञ और आईआईटी मुंबई के प्रोफेसर एल.जी. दानी गणित और निर्वाण के संबंध में कहते हैं, ''आमतौर पर बातचीत के दौरान भी हम संख्याओं का प्रयोग करते हैं। 10 से 17 तक की संख्याओं को 'परार्ध' कहा गया है और इसका अर्थ होता है स्वर्ग यानी मुक्ति का आधा मार्ग तय होना''। प्रो. दानी कहते हैं, ''बौद्ध धर्म में तो एक के बाद 53 शून्य लगाकर (जिन्हें 'लक्षण' कहा गया है) चिंतन, ध्यान लगाया जाता है। यह एक बहुत बड़ी संख्या है, जबकि इसकी तुलना में जैन धर्म में अनंत संख्याओं को अध्यात्म से जोड़ा गया है. हम कह सकते हैं कि ये एक प्रकार से संतुष्टि हासिल करने का एक तरीका है, इसका कोई प्रायोगिक कारण नहीं है''। मैनचेस्टर विश्वविद्यालय में गणित के इतिहासकार जॉर्ज गैवगीज जोसेफ के मुताबिक ''भारत द्वारा दी गई गणित की पद्धति अद्भुत है। जैसे यदि हम 111 लिखते हैं तो इसमें

पहला 'एक' इकाई को दर्शाता है, जबकि दूसरे 'एक' का मतलब दहाई से और तीसरे 'एक' का मतलब सैकड़े से है. अर्थात् भारतीय गणित पद्धति में किसी एक संख्या के स्थान से ही उसकी स्थानिक मान का निर्धारण होता है"। भारतीय गणित पद्धति से हम बड़ी से बड़ी संख्या को बहुत आसानी से और कम से कम संख्या के प्रयोग से व्यक्त कर सकते हैं. जबकि ग्रीक या रोमन पद्धति इतनी विकसित नहीं है। पाठकों से अनुरोध है कि इस पुस्तक की सभी गलतियों को भेजें ताकि अगले संस्करण में इन्हें बेहतर बनाया जा सके।

—लेखक

विषय सूची

aryans

|| vedic mathematics ||

1
वैदिक गणित के सोलह सूत्र

स्वामीजी के एकमात्र उपलब्ध गणितीय ग्रंथ 'वैदिक गणित' या 'वेदों के सोलह सरल गणितीय सूत्र' के बिखरे हुए सन्दर्भों से छाँटकर डॉ॰ वासुदेव शरण अग्रवाल ने सूत्रों तथा उपसूत्रों की सूची ग्रंथ के आरम्भ में इस प्रकार दी है–

1. एकाधिकेन पूर्वेण	**उपसूत्रआनुरूप्येण**
2. निखिलं नवतश्चरमं दशतः	• शिष्यते शेषसंज्ञः
3. ऊर्ध्वतिर्यग्भ्याम्	• आधमाधेनान्त्यमन्त्येन
4. परावर्त्य योजयेत्	• केवलैः सप्तकं गुण्यात्
5. शून्यं साम्यसमुच्चये	• वेष्टनम्
6. (आनुरूप्ये) शून्यमन्यत्	• यावदूनं तावदूनं
7. संकलनव्यवकलनाभ्याम्	• यावदूनं तावदूनीकृत्य वर्गं च योजयेत्
8. पूरणापूरणाभ्याम्	• अन्त्ययोर्द्दशकेऽपि
9. चलनकलनाभ्याम्	• अन्त्ययोरेव
10. यावदूनम्	• समुच्चयगुणितः

11. व्यष्टिसमष्टिः	• लोपनस्थापनाभ्यां
12. शेषाण्यंकेन चरमेण	• विलोकनं
13. सोपान्त्यद्वयमन्त्त्यम्	• गुणितसमुच्चयः समुच्चयगुणितः
14. एकन्यूनेन पूर्वेण	• ध्वजांक
15. गुणितसमुच्चयः	
16. गुणकसमुच्चयः	

2

वैदिक गणितीय सूत्रों की विशेषताएँ

(1) ये सूत्र सहज ही समझ में आ जाते हैं। इनका अनुप्रयोग सरल है तथा सहज ही याद हो जाते हैं। सारी प्रक्रिया मौखिक हो जाती है।

(2) ये सूत्र गणित की सभी शाखाओं के सभी अध्यायों में सभी विभागों पर लागू होते हैं। शुद्ध अथवा प्रयुक्त गणित में ऐसा कोई भाग नहीं जिसमें उनका प्रयोग न हो। अंकगणित, बीजगणित, रेखागणित समतल तथा गोलीय त्रिकाणमितीय, समतल तथा घन ज्यामिति (वैश्लेषिक), ज्योतिर्विज्ञान, समाकल तथा अवकल कलन आदि सभी क्षेत्रों में वैदिक सूत्रों का अनुप्रयोग समान रूप से किया जा सकता है। वास्तव में स्वामीजी ने इन विषयों पर सोलह कृतियों की एक श्रृंखला का सृजन किया था, जिनमें वैदिक सूत्रों की विस्तृत व्याख्या थी। दुर्भाग्य से सोलह कृतियाँ प्रकाशित होने से पूर्व ही काल–कवलित हो गईं तथा स्वामीजी भी ब्रह्मलीन हो गए।

(3) कई पैड़ियों की प्रक्रियावाले जटिल गणितीय प्रश्नों को हल करने में प्रचलित विधियों की तुलना में वैदिक गणित विधियाँ काफी कम समय लेती हैं।

(4) छोटी उम्र के बच्चे भी सूत्रों की सहायता से प्रश्नों को मौखिक हल कर उत्तर बता सकते हैं।

(5) वैदिक गणित का संपूर्ण पाठ्यक्रम प्रचलित गणितीय पाठ्यक्रम की तुलना में काफी कम समय में पूर्ण किया जा सकता है।

3

कुछ सूत्रों का परिचय

एकाधिकेन पूर्वेण

इस सूत्र का शाब्दिक अर्थ है : 'पहले वाले की तुलना में एक अधिक से'। यह सूत्र 1/x9 (जैसे: 1/19, 1/29, आदि) का मान निकालने के लिये बहुत उपयोगी है। यह सूत्र गुणा करने वाले और भाग करने वाले दोनो प्रकार के अल्गोरिद्म में उपयोग में लिया जा सकता है।

मान लीजिए कि 1/19 का मान निकालना है, अर्थात् x = 1. गुणन अल्गोरिद्म का उपयोग करने के लिये (यह दाएँ से बाएँ काम करता है) भाज्य (dividend) 1 ही परिणाम का सबसे दायाँ अंक होगा। इसके बाद इस अंक को 2 से गुणा करें (अर्थात् x + 1) और गुणनफल को बाएँ लिखें। यदि गुणनफल 10 से अधिक आये तो (गुणनफल − 10) को लिखें और "1" हासिल बन जाता है जिसे अगली बार गुणा करने पर सीधे जोड़ दिया जायेगा।

'एकाधिकेन' और 'पूर्वेण' में तृतीया विभक्ति (करण) है जो यह संकेत करती है कि यह सूत्र गुणा या भाग पर आधारित है। क्योंकि योग और घटाना में द्वितीया या पंचमी विभक्ति (to और from) आती।

इस सूत्र का एक रोचक उपयोग पाँच (5) से अन्त होने वाली संख्याओं का वर्ग निकालने में किया जा सकता है, जैसे:

35×35 = ((3×3)+3),25 = 12,25 and 125×125 = ((12×12)+12),25 = 156,25

या 'एकाधिकेन पूर्वेण' का प्रयोग करते हुए,

35×35 = ((3×4),25 = 12,25 and 125×125 = ((12×13),25 = 156,25

उपपत्ति (Proof)

वैदिक गणित से प्रश्न हल करने के सूत्र व विधियां—वैदिक गणित भारत की प्राचीन पद्धतियों में से एक है। वैदिक गणित विधि द्वारा सवाल हल करने से उन्हें शीघ्रता पूर्वक हल किया जा सकता है। हालांकि वैदिक गणित को समझने के लिए आपको प्रशिक्षण के आवश्यकता होगी।

गुणा संक्रिया

1. सूत्र – एकाधिकेन पूर्वेण
   उदा. – 103 × 97
   = 1 × 2 / 03 × 97
   = 2 / 0291 (दक्षिण पक्ष में चार अंक)
   = 20291
2. सूत्र – निखिलम्
   सूत्र – उपाधार अंक (संख्या + शेष विचलन) / विचलनों का गुणनफल
3. सूत्र – एकन्यूनेन पूर्वेण
   गुण्य – 1 / गुणक – वाम पक्ष
4. सूत्र – उर्ध्वतिर्यक

भाग की विधियाँ

1. सूत्र – निखिलम्
   (पूरक अंक = आधार – भाजक)
2. सूत्र – परावर्त योजयेत्
3. सूत्र – ध्वजांक

वर्ग संक्रिया

1. उपसूत्र यावदूनम् तावदूनी (सूत्र निखिलम)
   उपाधार अंक (संख्या + विचलन) / (विचलन)
2. उपसूत्र आनुरूप्येण

   संकेत

   1. सर्वप्रथम इस विधि से वर्ग करने के लिए तीन खंड करते हैं। प्रथम खंड में दहाई का वर्ग करते हैं।
   2. तृतीय खंड में इकाई अंक का वर्ग करते हैं।
   3. द्वितीय खंड में इकाई अंक × दहाई अंक करते हैं।
   4. द्वितीय खंड में प्राप्त गुणनफल को पुनः नीचे लिखकर जोड़ते हैं।
   5. नियमानुसार सभी संख्याओं को जोड़कर वर्ग प्राप्त करते हैं।
3. सूत्र – एकाधिकेन पूर्वेण
   उदा. – $(45)^2$
   $= 4 \times 5 \ / \ 5 \times 5$
   $= 20 \ / \ 25 = 2025$
4. सूत्र संकलन – व्यवकलन (इष्ट संख्या विधि)
   सूत्र = (संख्या + इष्ट संख्या) (संख्या दृ इष्ट संख्या) + (इष्ट संख्या)^2
5. सूत्र – उर्ध्वतिर्यक (द्वन्दयोग विधि)

4

घनफल संक्रिया

1. सूत्र – निखिलम् (आधार – उपाधार)

   आधार विधि –:

   सूत्र – संख्या + 2 × विचलन / 3 × (विचलन)^2 / (विचलन)^3

   उपाधार विधि –:

   सूत्र – (उपाधार अंक)^2 (संख्या + 2 × विचलन) / उपाधार अंक × 3 × (विचलन)^2 / (विचलन)^3

2. उपसूत्रआनुरूप्येण

   संकेत

   1. सर्वप्रथम चार खंड करते हैं।
   2. प्रथम खंड में दहाई अंक का घन करते हैं।
   3. चौथे खंड में इकाई अंक का घन करते हैं।
   4. दूसरे खंड में (दहाई अंक)^2 × इकाई अंक करते हैं।
   5. तीसरे खंड दहाई अंक × (इकाई अंक)^2 करते हैं।
   6. दूसरे व् तीसरे खंड में प्राप्त संख्या का दुगुना कर जोड़ते हैं।
   7. नियमानुसार सभी संख्याओं को जोड़कर घनफल प्राप्त करते हैं।

3. सूत्र – एकाधिकेन पूर्वेण सूत्र – दहाई का वर्ग × इसका एकाधिक / दहाई का वर्ग × विचलन / 3 ×

दहाई का अंक × (इकाई का अंक)^2 / (इकाई अंक)^3

(विचलन = 3 × इकाई अंक − 10)

5

बीजगणित

1. सूत्र – परावर्त योजयेत् :–

सूत्र का अर्थ है – "पक्षांतरण तथा समायोजन।" इस सूत्र के अंतर्गत चार अनुप्रयोग आते हैं।

प्रथम अनुप्रयोग :– यदि $ax + b = cx + b$ हो तो

$x = d - ba - c$

(बीजीय सूत्र)

द्वितीय अनुप्रयोग :– यदि

$ax + bp$

$= cx + bq$

हो तो $x = dp - bq\ aq - cp$

(बीजीय सूत्र)

तृतीय अनुप्रयोग :– यदि $(x + a)(x + b) = (x + c)(x + d)$ हो तो

$x = cd - ab\ a + b - c - d$

(बीजीय सूत्र)

चतुर्थ अनुप्रयोग :– यदि

$m x + a$

$+$

$n x + b$

$= 0$ हो तो $x = -$

mb + na m + n

(बीजीय सूत्र)

2. सूत्र – **शून्यं साम्य समुच्चये** :–

सूत्र का अर्थ है – "समुच्चय परस्पर समान होने पर शून्य होता है।" इस सूत्र के अंतर्गत छः अनुप्रयोग आते हैं।

सूत्र का प्रथम अर्थ एवं अनुप्रयोग :– यदि समीकरण के प्रत्येक पद X में एक सर्वनिष्ठ खंड है तो X = 0 (बीजीय सूत्र)

उदहारण –: समीकरण 2(X+1) = 7(X+1) को सरल कीजिये।

हल : प्रत्येक पद में X+1 एक उभयनिष्ठ खंड है।

अतः सूत्रानुसार X + 1 = 0

X = –1

सूत्र का द्वितीय अर्थ एवं अनुप्रयोग :– एक घातीय समीकरण के दोनों पक्षों में स्वतंत्र पद समान हो तो चर राशि का मान शून्य होता है।

उदहारण –: (X+3)+(2x+5)+4=2(X+6) को सरल कीजिये।

हल : (X+3)+(2x+5)+4 =2(X+6)

= 3x + 12 = 2x + 12

दोनों पक्षों में स्वतंत्र पद समान = 12 अतः X = 0

सूत्र का तृतीय अर्थ एवं अनुप्रयोग :– यदि समीकरण में दो भिन्नों के अंश परस्पर समान हों तो उनके हरों का योग शून्य रखने पर चर राशि का मान प्राप्त होता है।

उदहारण –:

1x+a

\+

1x+b

= 0 को सरल कीजिये।

हल : यहां दोनों भिन्नों में अंश परस्पर समान = 1 अतः सूत्रानुसार

x+a + x+b = 0

∴ x = −a+b2

सूत्र का चतुर्थ अर्थ एवं अनुप्रयोग :– यदि समीकरण के दोनों पक्षों के अंशों का योग तथा उसके दोनों हरों का योग परस्पर समान हो अथवा दोनों योग एक निश्चित अनुपात में हो तो किसी भी योग का शून्य समान रखने पर चर राशि का एक मान ज्ञात होता है।

उदाहरण –:

2x + 3 2x + 5

=

(2x + 5) (2x + 3)

को सरल कीजिये।

हल : दोनों पक्षों के अंशों का योग = 2x+3 +2x+5 = 4x+8

दोनों पक्षों के हरों का योग = 4x+8

दोनों समुच्चय समान अतः सूत्रानुसार 4x+8=0 , ∴ X = −2

सूत्र का पंचम अर्थ एवं अनुप्रयोग :– यदि समीकरण के एक पक्ष के अंश व हर का अंतर दूसरे पक्ष के अंश व हर के अंतर के समान हो अथवा दोनों अंतर एक निश्चित अनुपात में हो तो किसी भी अंतर को शून्य समान रखने पर चर राशि का मान ज्ञात होता है–

उदाहरण –:

(3x+4) (2x + 1)

=

x−8 2x−5

को सरल कीजिये।

हल : वाम पक्ष के अंश व हर का अंतर = 3x+4 − 2x−1 = X+3

दक्षिण पक्ष के अंश व हर का अंतर = 2x−5 − X+8 = X+3

दोनों पक्षों के अंतर परस्पर समान अतः सूत्रानुसार

X+3 = 0 ∴ X = −3

सूत्र का षष्ठ अर्थ एवं अनुप्रयोग :–यदि किसी समीकरण के प्रत्येक पक्ष में दो पद हों और पद का प्रत्येक अंश परस्पर समान

हो तथा वाम पक्ष के हरों का योग दक्षिण पक्ष के हरों के योग के समान हो तो इस योग को शून्य के बराबर रखने पर चर राशि का मान प्राप्त होता है।

उदाहरण –:

1 x + 7

1 x + 9

1 x + 6

1 x + 10

को सरल कीजिये।

हल : वाम पक्ष के हरों का योग = X+7 + X+9 = 2x+16

दक्षिण पक्ष के हरों का योग = X+6 + X+10 = 2x+16

सूत्रानुसार 2x + 16 = 0 $\therefore X = -8$

6

आपस्तम्ब

आपस्तम्ब भारत के प्राचीन गणितज्ञ और शुल्ब सूत्र के रचयिता हैं। वे सूत्रकार हैं; ऋषि नहीं। वैदिक संहिताओं में इनका उल्लेख नहीं पाया जाता। आपस्तंबधर्मसूत्र में सूत्रकार ने स्वयं अपने को "अवर" (परवर्ती) कहा है (1.2.5.4)। इनके नाम से कृष्ण यजुर्वेद की तैत्तिरीय शाखा का आपस्तम्बकल्पसूत्र पाया जाता है। यह ग्रंथ 30 प्रश्नों में विभाजित है। इसके प्रथम 24 प्रश्नों को आपस्तम्बश्रौतसूत्र कहते हैं जिनमें वैदिक यज्ञों का विधान है। 25 वें प्रश्न में परिभाषा, प्रवरखंड

तथा हौत्रक मंत्र है, इसके 26 वें और 27 वें प्रश्न को मिलाकर आपस्तम्बगृह्यसूत्र कहा जाता है जिनमें गृह्यसंस्कारों और धार्मिक क्रियाओं का वर्णन है। कल्पूसत्र के 28वें और 29वें प्रश्न आपस्तम्बधर्मसूत्र के नाम से प्रसिद्ध हैं। 30वाँ प्रश्न आपस्तम्बशुल्वसूत्र कहलाता है। इसमें यज्ञकुंड और वेदिका की माप का वर्णन है। रेखागणित और वास्तुशास्त्र का प्रारंभिक रूप इनमें मिलता है।

आपस्तम्ब धर्मसूत्र

समाजशास्त्र, शासन और विधि की दृष्टि से आपस्तंबधर्मसूत्र विशेष महत्व का है। यह दो प्रश्नों में और प्रत्येक प्रश्न 11 पटलों में विभक्त है। प्रथम प्रश्न में निम्नलिखित विषयों का वर्णन है: धर्म के मूल–वेद तथा वेदविदों का शील; चार वर्ण और उनका वरीयताक्रम; आचार्य; उपनयन का समय और उसकी अवहेलना के लिए प्रायश्चित; ब्रह्मचारी की कर्त्तव्य; ब्रह्मचर्यकाल–48,36,25 अथवा 12 वर्ष; ब्रह्मचारी की जीवनचर्या, दंड, मेखला, अजिन, भिक्षा, समिधाहरण, अग्न्याधान; ब्रह्मचारी के व्रत, तप; आचार्य तथा विभिन्न वर्णो को प्रणाम करने की विधि; ब्रह्मचर्य के व्रत, तप; आचार्य तथा विभिन्न वर्णो को प्रणाम करने की विधि; ब्रह्मचर्य समाप्त होने पर गुरुदक्षिणा; स्नान और स्नातक; वेदाध्ययन तथा अनध्याय; पंचममहायज्ञ–भूतयज्ञ, नृयज्ञ, देवयज्ञ, पितृयज्ञ; तथा ऋषियज्ञ; सभी वर्णो के साथ शिष्टाचार; यज्ञोपवीत; आचमन; भोजन तथा पेय, निषेध; ब्राह्मण के लिए आपद्धर्म–वणिक्कर्म, कुछ पदार्थो का विक्रय वर्जित; पतनीय–चौर्य, ब्रह्महत्या अथवा हत्या; भ्रूणहत्या; निषिद्ध संबंध में योनिसंबंध, सुरापान आदि; आध्यात्मिक प्रश्न–आत्म, ब्रह्म, नैतिक साधन और दोष; क्षत्रिय, वैश्य तथा शूद्र ही हत्या की क्षतिपूर्ति; ब्राह्मण, गुरु एवं श्रोत्रिय के वध के लिए प्रायश्चित; गुरु–तल्प–गमन, सुरापान तथा सुवर्णचौर्य के लिए प्रायश्चित्त; पक्षी, गाय तथा सांड़ के वध के लिए प्रायश्चित; गुरुजनों को अपशब्द कहने के लिए प्रायश्चित्त; शूद्रा के साथ मैथुन तथा निषिद्ध भोजन के लिए प्रायश्चित्त; कृच्छ्रवत; चौर्य; पतित गुरु तथा माता के साथ व्यवहार;

गुरु–तल्प–गमन के लिए प्रायश्चित; पर विविध मत; पति पत्नी के व्यभिचार के लिए प्रायश्चित; भ्रूण (विद्वान ब्राह्मण) हत्या के लिए प्रायश्चित; आत्मरक्षा के अतिरिक्त शस्त्रग्रहण ब्राह्मण के लिए निषिद्ध; अभिशस्त के लिए प्रायश्चित; छोटे पापों के लिए प्रायश्चित; विद्यास्नातक, व्रतस्नातक तथा विद्याव्रतस्नातक के संबंध में विविध मत और स्नातकों के व्रत तथा आचार।

द्वितीय प्रश्न के विषय निम्नांकित हैं: पाणिग्रहण के उपरांत गृहस्थ के व्रत; भोजन, उपवास तथा मैथुन; सभी वर्ण के लोग अपने कर्त्तव्यपालन से उपयुक्त तथा न पालन से निम्न योनियों में जन्म लेते हैं; प्रथम तीन वर्णों को नित्य स्नान कर विश्वेदव यज्ञ करना चाहिए; शुद्र किसी आर्य के निरीक्षण में अन्य वर्णों के लिए भोजन पकावे; पक्वान्न की बलि; प्रथम अतिथि तथा पुनः बाल, वृद्ध, रुग्ण तथा गर्भिणी को भोजन; वैश्वदेव के अंत में आए किसी आगंतुक को भोजन के लिए प्रत्याख्यान नहीं; अविद्वान ब्राह्मण, क्षत्रिय, वैश्य एवं शूद्र अतिथि का स्वागत; गृहस्थ के लिए उत्तरीय अथवा यज्ञोपवीत; ब्राह्मण के अभाव में क्षत्रिय अथवा वैश्य आचार्य; गुरु के आगमन में गृहस्थ का कर्तव्य; गृहस्थ के लिए अध्यापन तथा अन्य कर्तव्य; अज्ञात वर्ण और शील के अतिथि का स्वागत्; अतिथि; मधुपर्क; षड्वेदांग; वैश्वदेव के पश्चात् श्वान तथा चांडाल को भी भोजन; दान, भृत्य और दास को कष्ट देकर नहीं; स्वयं, स्त्री तथा पुत्र को कष्ट देकर दान; ब्रह्मचारी, गृहस्थ, परिव्राजक आदि को भोजन; आचार्य, विवाह, यज्ञ, माता–पिता का पोषण, व्रतपालन आदि भिक्षा के अवसर; ब्राह्मण आदि वर्णों के कर्तव्य; युद्ध के नियम; पुरोहित की नियुक्ति; दंड; ब्राह्मण की अदंडयता और अवध्यता; मार्ग के नियम; वर्ण का उत्कर्ष और अपकर्ष पहली पत्नी (संतानवती एवं सुशीला) के रहते दूसरा विवाह निषिद्ध; विवाह के नियम; विवाह के छह प्रकार–ब्राह्म, आर्ष, दैव, गांधर्व, आसुर और राक्षस; विवाहित दंपती के कर्तव्य; विविध प्रकार के पुत्र; संतान की अदेयता और अविक्रेयता; दाय तथा विभाजन; पति पत्नी में विभाजन निषिद्ध; वेदविरुद्ध देशाचार और कुलाचार अनुकरणीय नहीं; मरणाशौच;

दान; श्राद्ध; चार आश्रम; परिव्राजकधर्म; राजधर्म; राजधानीसभा; अपराधनिर्मूलन; दान; प्रजारक्षण; कर तथा कर से मुक्ति; व्यभिचारदंड; अपशब्द तथा नरहत्या; विविध प्रकार के दंड; वाद (अभियोग); संदेहावस्था में अनुमान तथा दिव्य प्रमाण; स्त्रियों तथा सामान्य जनता से विविध धर्मो का ज्ञान।

प्राचीनता में आपस्तंबधर्मसूत्र गौतमधर्मसूत्र और बौधायनधर्मसूत्र से पीछे का तथा हिरण्यकेशी और वसिष्ठधर्मसूत्र के पहले का है। इसके संग्रह का समय 500 ई.पू. के पहले रखा जा सकता है। आपस्तंबधर्मसूत्र (2.7.17.17.) में औदीच्यों (उत्तरवालों) के आचार का विशेष रूप से उल्लेख है। इसपर कई विद्वानों ने यह निष्कर्ष निकाला है कि आपस्तंब दक्षिणात्य (संभवतः आंध्र) थे। परन्तु सरस्वती नदी के उत्तर का प्रदेश उदीची होने से यह अनुमान केवल दक्षिण पर ही लागू नहीं होता। यह सच है कि आपस्तंबीय शाखा के ब्राह्मण नर्मदा के दक्षिण में पाए जाते हैं, परंतु उनका यह प्रसार परवर्ती काल का है।

आपस्तंबधर्मसूत्र पर हरदत्त का उज्वलावृत्ति नामक भाष्य प्रसिद्ध है।

गणित

2 का वर्गमूल

समस्य द्विकरणी।

प्रमाणं तृतीयेन वर्धयेत्तच्च चतुर्थेनात्मचतुस्त्रिंशोनेन सविशेषः।

वर्ग का विकर्ण (समस्य द्विकरणी) – इसका मान (भुजा) के तिहाई में इसका (तिहाई का) चौथाई जोड़ने के बाद (तिहाई के चौथाई का) 34वाँ अंश घटाने से प्राप्त होता है।

दूसरे शब्दों में,

$$1 + \frac{1}{3} + \frac{1}{3 \cdot 4} - \frac{1}{3 \cdot 4 \cdot 34} = \frac{577}{408} = 1.41\overline{42156862745098039}.$$

बौधायन

बौधायन भारत के प्राचीन गणितज्ञ और शुल्ब सूत्र तथा श्रौतसूत्र के रचयिता थे।

ज्यामिति के विषय में प्रमाणिक मानते हुए सारे विश्व में यूक्लिड की ही ज्यामिति पढ़ाई जाती है। मगर यह स्मरण रखना चाहिए कि महान यूनानी ज्यामितिशास्त्री यूक्लिड से पूर्व ही भारत में कई रेखागणितज्ञ ज्यामिति के महत्वपूर्ण नियमों की खोज कर चुके थे, उन रेखागणितज्ञों में बौधायन का नाम सर्वोपरि है। उस समय भारत में रेखागणित या ज्यामिति को **शुल्व शास्त्र** कहा जाता था।

बौधायन के सूत्र ग्रन्थ

बौधायन के सूत्र वैदिक संस्कृत में हैं तथा धर्म, दैनिक कर्मकाण्ड, गणित आदि से सम्बन्धित हैं। वे कृष्ण यजुर्वेद के तैत्तिरीय शाखा से सम्बन्धित हैं। सूत्र ग्रन्थों में सम्भवतः ये प्राचीनतम ग्रन्थ हैं। इनकी रचना सम्भवतः 8वीं–7वीं शताब्दी ईसापूर्व हुई थी।

बौधायन सूत्र के अन्तर्गत निम्नलिखित 6 ग्रन्थ आते हैं–

1. बौधायन श्रौतसूत्र – यह सम्भवतः 19 प्रश्नों के रूप में है।
2. बौधायन कर्मान्तसूत्र – 21 अध्यायों में
3. बौधायन द्वैधसूत्र – 4 प्रश्न
4. बौधायन गृह्यसूत्र – 4 प्रश्न
5. बौधायन धर्मसूत्र – 4 प्रश्नों में
6. बौधायन शुल्बसूत्र – 3 अध्यायों में

सबसे बड़ी बात यह है कि बौधायन के शुल्बसूत्रों में आरम्भिक गणित और ज्यामिति के बहुत से परिणाम और प्रमेय हैं, जिनमें 2 का वर्गमूल का सन्निकट मान, तथा पाइथागोरस प्रमेय का एक कथन शामिल है।

बौधायन प्रमेय या पाइथागोरस प्रमेय

समकोण त्रिभुज से सम्बन्धित पाइथागोरस प्रमेय सबसे पहले

महर्षि बोधायन की देन है। पायथागोरस का जन्म तो ईसा के जन्म के 8 वी शताब्दी पहले हुआ था जबकि हमारे यहाँ इसे ईसा के जन्म के 15 वी शताब्दी पहले से ही ये पढ़ायी जाती थी। बौधायन का यह निम्न लिखित सूत्र है :

दीर्घचतुरश्रस्याक्ष्णया रज्जुः पार्श्वमानी तिर्यग् मानी च यत् पृथग् भूते कुरूतस्तदुभयं करोति।।

विकर्ण पर कोई रस्सी तानी जाय तो उस पर बने वर्ग का क्षेत्रफल ऊर्ध्व भुजा पर बने वर्ग तथा क्षैतिज भुजा पर बने वर्ग के योग के बराबर होता है।

वर्ग के क्षेत्रफल के बराबर क्षेत्रफल के वृत्त का निर्माण

चतुरस्रं मण्डलं चिकीर्षन्न् अक्षयार्धं मध्यात्प्राचीमभ्यापातयेत्।
यदतिशिष्यते तस्य सह तृतीयेन मण्डलं परिलिखेत्।। (I–58)

Draw half its diagonal about the centre towards the East-West line; then describe a circle together with a third part of that which lies outside the square–

अर्थात् यदि वर्ग की भुजा 2a हो तो वृत्त की त्रिज्या $r = (a+1/3(\sqrt{2}a - a) = (1+1/3(\sqrt{2} - 1)\ a$

वृत्त के क्षेत्रफल के बराबर क्षेत्रफल के वर्ग का निर्माण

मण्डलं चतुरस्रं चिकीर्षन्विष्कम्भमष्टौ भागान्कृत्वा भागमेकोनत्रिंशधा
विभाज्याष्टाविंशतिभागानुद्धरेत् भागस्य च षष्ठमष्टमभागोनम्।। (I–59)[1]

If you wish to turn a circle into a square, divide the diameter into eight parts and one of these parts into twenty-nine parts: of these twenty-nine parts remove twenty-eight and moreover the sixth part (of the one part left) less the eighth part (of the sixth part)–

बौधायन के अन्य प्रमेय

बौधायन द्वारा प्रतिपादित कुछ प्रमुख प्रमेय ये हैं–

- किसी आयत के विकर्ण एक दूसरे को समद्विभाजित करते हैं।
- समचतुर्भुज (रोम्बस) के विकर्ण एक–दूसरे को समकोण पर समद्विभाजित करते हैं।
- किसी वर्ग की भुजाओं के मध्य बिन्दुओं को मिलाने से बने वर्ग का क्षेत्रफल मूल वर्ग के क्षेत्रफल का आधा होता है।
- किसी आयत की भुजाओं के मध्य बिन्दुओं को मिलाने से समचतुर्भुज बनता है जिसका क्षेत्रफल मूल आयत के क्षेत्रफल का आधा होता है।

उपरोक्त विवरण से स्पष्ट होता है कि बौधायन ने आयत, वर्ग, समकोण त्रिभुज समचतुर्भुज के गुणों तथा क्षेत्रफलों का विधिवत अध्ययन किया था। यज शायद उस समय यज्ञ के लिए बनायी जाने वाली 'यज्ञ भूमिका' के महत्व के कारण था।

7
वररुचि कात्यायन

वररुचि कात्यायन पाणिनीय सूत्रों के प्रसिद्ध वार्तिककार हैं। वररुचि कात्यायन के वार्तिक पाणिनीय व्याकरण के लिए अति महत्वशाली सिद्ध हुए हैं। इन वार्तिकों के बिना पाणिनीय व्याकरण अधूरा सा रहा जाता। वार्तिकों के आधार पर ही पीछे से पतंजलि ने महाभाष्य की रचना की।

पुरुषोत्तमदेव ने अपने त्रिकांडशेष अभिधानकोश में कात्यायन के ये नाम लिखे हैं – कात्य, पुनर्वसु, मेधाजित्घ और वररुचि। "कात्य' नाम गोत्रप्रत्यांत है, महाभाष्य में उसका उल्लेख है। पुनर्वसु नाम नक्षत्र संबंधी है, "भाषावृत्ति' में पुनर्वसु को वररुचि का पर्याय कहा गया है। मेधाजित्घ का कहीं अन्यत्र उल्लेख नहीं मिलता। इसके अतिरिक्त, कथासरित्सागर और बृहत्कथामंजरी में कात्यायन वररुचि का एक नाम 'श्रुतधर' भी आया है। हेमचंद्र एवं मेदिनी कोशों में भी कात्यायन के "वररुचि' नाम का उल्लेख है।

कात्यायन वररुचि के वार्तिक पढ़ने पर कुछ तथ्य सामने आते हैं–यद्यपि अधिकांश स्थलों पर कात्यायन ने पाणिनीय सूत्रों का अनुवर्ती होकर अर्थ किया है, तर्क वितर्क और आलोचना करके सूत्रों के संरक्षण की चेष्टा की है, परंतु कहीं–कहीं सूत्रों में परिवर्तन भी किया है और यदा–कदा पाणिनीय सूत्रों में दोष दिखाकर उनका प्रतिषेध किया है और जहाँ तहाँ कात्यायन को परिशिष्ट भी देने पड़े हैं। संभवतः इसी वररुचि कात्यायन ने वेदसर्वानुक्रमणी और प्रातिशाख्य

की भी रचना की है। कात्यायन के बनाए कुछ भ्राजसंज्ञक श्लोकों की चर्चा भी महाभाष्य में की गई है। कैयट और नागेश के अनुसार भ्राजसंज्ञक श्लोक वार्तिककार के ही बनाए हुए हैं। प्रातिशाख्यम्

अन्य कात्यायन

वार्तिककार कात्यायन वररुचि और प्राकृतप्रकाशकार वररुचि दो व्यक्ति हैं। प्राकृतप्रकाशकार वररुचि "वासवदत्ता' के प्रणेता सुबंधु के मामा होने से छठी सदी के हर्ष विक्रमादित्य के समसामयिक थे, जबकि पाणिनीय सूत्रों के वार्तिककार इससे बहुत पूर्व हो चुके थे।

अशोक के शिलालेख में वररुचि का उल्लेख है। प्राकृतप्रकाशकार वररुचि का गोत्र भी यद्यपि कात्यायन था, इसी एक आधार पर वार्तिककार और प्राकृतप्रकाशकार एक ही व्यक्ति नहीं माने जा सकते, क्योंकि अशोक के लेख की प्राकृत वररुचि की प्राकृत स्पष्ट ही नवीन मालूम पड़ती है। फलतः अशोक के पूर्ववर्ती कात्यायन वररुचि वार्तिककार हैं और अशोक के परवर्ती वररुचि प्राकृतप्रकाशकार। मद्रास से जो "चतुर्भाणी' प्रकाशित हुई है, उसमें "उभयसारिका' नामक भाण वररुचिकृत नहीं है, क्योंकि वार्तिककार वररुचि "तद्धितप्रिय' नाम से प्रसिद्ध रहे हैं और "उभयसारिका' में तद्धितों के प्रयोग अति अल्प मात्रा में हैं। संभवतः यह वररुचि कोई अन्य व्यक्ति है।

हुयेनत्सांग ने बुद्धनिर्वाण से प्रायः 300 वर्ष बाद हुए पालिवैयाकरण जिस कात्यायन की अपने भ्रमण वृत्तांत में चर्चा की है, वह कात्यायन भी वार्तिककार से भिन्न व्यक्ति है। यह कात्यायन एक बौद्ध आचार्य था जिसने "अभिधर्मज्ञानप्रस्थान" नामक बौद्धशास्त्र की रचना की है।

कात्याययन नाम का एक प्रधान जैन स्थावर भी हुआ है। आफ्रेक्ट की हस्तलिखित ग्रन्थसूची में वररुचि और कात्यायन के बनाए ग्रन्थों की चर्चा की गई है। इन ग्रन्थों में कितने वार्तिककार कात्यायन प्रणीत हैं, इसका निर्णय करना कठिन है।

8

पाणिनि

पाणिनि (500 ई पू) संस्कृत भाषा के सबसे बड़े वैयाकरण हुए हैं। इनका जन्म तत्कालीन उत्तर पश्चिम भारत के गांधार में हुआ था। इनके व्याकरण का नाम अष्टाध्यायी है जिसमें आठ अध्याय और लगभग चार सहस्र सूत्र हैं। संस्कृत भाषा को व्याकरण सम्मत रूप

देने में पाणिनि का योगदान अतुलनीय माना जाता है। अष्टाध्यायी मात्र व्याकरण ग्रंथ नहीं है। इसमें प्रकारांतर से तत्कालीन भारतीय समाज का पूरा चित्र मिलता है। उस समय के भूगोल, सामाजिक, आर्थिक, शिक्षा और राजनीतिक जीवन, दार्शनिक चिंतन, ख़ान–पान, रहन–सहन आदि के प्रसंग स्थान–स्थान पर अंकित हैं।

जीवनी एवं कार्य

पाणिनि का जन्म शलातुर नामक ग्राम में हुआ था। जहाँ काबुल नदी सिंधु में मिली है उस संगम से कुछ मील दूर यह गाँव था। उसे अब लहुर कहते हैं। अपने जन्मस्थान के अनुसार पाणिनि शालातुरीय भी कहे गए हैं। और अष्टाध्यायी में स्वयं उन्होंने इस नाम का उल्लेख किया है। चीनी यात्री युवान्च्वां (7वीं शती) उत्तर–पश्चिम से आते समय शालातुर गाँव में गए थे। पाणिनि के गुरु का नाम उपवर्ष पिता का नाम पणिन और माता का नाम दाक्षी था। पाणिनि जब बड़े हुए तो उन्होंने व्याकरणशास्त्र का गहरा अध्ययन किया। पाणिनि से पहले शब्दविद्या के अनेक आचार्य हो चुके थे। उनके ग्रंथों को पढ़कर और उनके परस्पर भेदों को देखकर पाणिनि के मन में वह विचार आया कि उन्हें व्याकरणशास्त्र को व्यवस्थित करना चाहिए। पहले तो पाणिनि से पूर्व वैदिक संहिताओं, शाखाओं, ब्राह्मण, आरण्यक, उपनिषद् आदि का जो विस्तार हो चुका था उस वाङ्मय से उन्होंने अपने लिये शब्दसामग्री ली जिसका उन्होंने अष्टाध्यायी में उपयोग किया है। दूसरे निरुक्त और व्याकरण की जो सामग्री पहले से थी उसका उन्होंने संग्रह और सूक्ष्म अध्ययन किया। इसका प्रमाण भी अष्टाध्यायी में है, जैसा शाकटायन, शाकल्य, भारद्वाज, गार्ग्य, सेनक, आपिशलि, गालब और स्फोटायन आदि आचार्यों के मतों के उल्लेख से ज्ञात होता है। शाकटायन निश्चित रूप से पाणिनि से पूर्व के वैयाकरणथे, जैसा निरुक्तकार यास्क ने लिखा है। शाकटायन का मत था कि सब संज्ञा शब्द धातुओं से बनते हैं। पाणिनि ने इस मत को स्वीकार किया किंतु इस विषय में कोई आग्रह नहीं रखा और यह भी कहा कि बहुत

से शब्द ऐसे भी हैं जो लोक की बोलचाल में आ गए हैं और उनसे धातु प्रत्यय की पकड़ नहीं की जा सकती। तीसरी सबसे महत्वपूर्ण बात पाणिनि ने यह की कि उन्होंने स्वयं लोक को अपनी आँखों से देखा और घूमकर लोगों के बहुमुखी जीवन का परिचय प्राप्त करके शब्दों को छाना। इस प्रकार से कितने ही सहस्र शब्दों को उन्होंने इकट्ठा किया। शब्दों का संकलन करके उन्होंने उनको वर्गीकृत किया और उनकी कई सूचियाँ बनाई। एक सूची "धातु पाठ" की थी जिसे पाणिनि ने अष्टाध्यायी से अलग रखा है। उसमें 1943 धातुएँ हैं। धातुपाठ में दो प्रकार की धातुएँ हैं– 1. जो पाणिनि से पहले साहित्य में प्रयुक्त हो चुकी थीं और दूसरी वे जो लोगों की बोलचाल में उन्हें मिली। उनकी दूसरी सूची में वेदों के अनेक आचार्य थे। किस आचार्य के नाम से कौन सा चरण प्रसिद्ध हुआ और उसमें पढ़नेवाले छात्र किस नाम से प्रसिद्ध थे और उन छन्द या शाखाओं के क्या नाम थे, उन सब की निष्पत्ति भिन्न भिन्न प्रत्यय लगाकर पाणिनि ने दी है; जैसे एक आचार्य तित्तिरि थे। उनका चरण तैत्तरीय कहा जाता था और उस विद्यालय के छात्र एवं वहाँ की शाखा या संहिता भी तैत्तिरीय कहलाती थी। पाणिनि की तीसरी सूची "गोत्रों" के संबंध में थी। मूल सात गोत्र वैदिक युग से ही चले आते थे। पाणिनि के काल तक आते आते उनका बहुत विस्तार हो गया था। गोत्रों की कई सूचियाँ श्रौत सूत्रों में हैं। जैसे बोधायन श्रौत सूत्र में जिसे महाप्रवर कांड कहते हैं। किंतु पाणिनि ने वैदिक और लौकिक दोनों भाषाओं के परिवार या कुटुंब के नामों की एक बहुत बड़ी सूची बनाई जिसमें आर्ष गोत्र और लौकिक गोत्र दोनों थे। छोटे मोटे पारिवारिक नाम या अल्लों को उन्होंने गोत्रावयव कहा हैं। एक गोत्र या परिवार में होनेवाला दादा, बूढ़े एवं चाचा (सपिंड स्थविर पिता, पुत्र, पौत्र) आदि व्यक्तियों के नाम कैसे रखे जाते थे, इसका ब्योरेवार उल्लेख पाणिनि ने किया है। बीसियों सूत्रों के साथ लगे हुए गणों में गोत्रों के अनेक नाम पाणिनि के "गणपाठ" नामक परिशिष्ट ग्रंथ में हैं। पाणिनि की चौथी सूची भौगोलिक थी। पाणिनि का जन्मस्थान उत्तर पश्चिम में था, जिस

प्रदेश को हम गांधार कहते हैं। यूनानी भूगोल लेखकों ने लिखा है कि उत्तर पश्चिम अर्थात् गांधार और पंजाब में लगभग 500 ऐसे ग्राम थे जिनमें से प्रत्येक की जनसंख्या दस सहस्र के लगभग थी। पाणिनि ने उन 500 ग्रामों के वास्तविक नाम भी दे दिए हैं जिनसे उनके भूगोल संबंधी गणों की सूचियाँ बनी हैं। ग्रामों और नगरों के उन नामों की पहचान टेढ़ा प्रश्न है, किंतु यदि बहुत परिश्रम किया जाय तो यह संभव है जैसे सुनेत और सिरसा पंजाब के दो छोटे गाँव हैं जिन्हें पाणिनि ने सुनेत्र और शैरीषक कहा है। पंजाब की अनेक जातियों के नाम उन गाँवों के अनुसार थे जहाँ वह जाति निवास करती थी या जहाँ से उसके पूर्वज आए थे। इस प्रकार निवास और अभिजन (पूर्वजों का स्थान) इन दोनों से जो उपनाम बनते थे वे पुरुष नाम में जुड़ जाते थे क्योंकि ऐसे नाम भी भाषा के अंग थे।

पाणिनि ने पंजाब के मध्यभाग में खड़े होकर अपनी दृष्टि पूर्व और पश्चिम की ओर दौड़ाई। उन्हें दो पहाड़ी इलाके दिखाई पड़े। पूर्व की ओर कुल्लू काँगड़ाँ जिसे उस समय त्रिगर्त कहते थे, पश्चिमी ओर का पहाड़ी प्रदेश वह था जो गांधार की पूर्वी राजधानी तक्षशिला से पश्चिमी राजधानी पुष्कलावती तक फैला था। इसी में वह प्रदेश था जिसे अब कबायली इलाका कहते हैं और जो सिंधु नद के उत्तर से दक्षिण तक व्याप्त था और जिसके उत्तरी छोर पर दरद (वर्तमान गिलगित) और दक्षिणी छोर पर सौबीर (वर्तमान सिंध) था। पाणिनि ने इस प्रदेश में रहनेवाले कबीलों की विस्तृत सूची बनाई और संविधानों का अध्ययन किया। इस प्रदेश को उस समय ग्रामणीय इलाका कहते थे क्योंकि इन कबीलों में, जैसा आज भी है और उस समय भी था, ग्रामणी शासन की प्रथा थी और ग्रामणी शब्द उनके नेता या शासक की पदवी थी। इन जातियों की शासनसभा को इस समय जिर्गा कहते हैं और पाणिनि के युग में उसे "ब्रातपूग", "संघ" या "गण" कहते थे। वस्तुतः सब कबीलों के शासन का एक प्रकार न था किंतु वे संघ शासन के विकास की भिन्न भिन्न अवस्थाओं में थे। पाणिनि ने व्रात और पूग इन संज्ञाओं से बताया है कि इनमें से बहुत से कबीले

उत्सेधजीवी या लूटपाट करके जीवन बिताते थे जो आज भी वहाँ के जीवन की सच्चाई है। उस समय ये सब कबीले या जातियाँ हिंदू थीं और उनके अधिपतियों के नाम संस्कृत भाषा के थे जैसे देवदत्तक, कबीले का पूर्वपुरुष या संस्थापक कोई देवदत्त था। अब नाम बदल गए हैं, किंतु बात वही है जैसे ईसाखेल कबीले का पूर्वज ईसा नामक कोई व्यक्ति था। इन कबीलों के बहुत से नाम पाणिनि के गणपाठ में मिलते हैं, जैसे अफरीदी और मोहमद जिन्हें पाणिनि ने आप्रीत और मधुमंत कहा है। पाणिनि की भौगोलिक सूचियों में एक सूची जनपदों की है। प्राचीन काल में अपना देश जनपद भूमियों में बैठा हुआ था। मध्य एशिया की वंक्षु नदी के उपरिभाग में स्थित कंबोज जनपद, पश्चिम में सौराष्ट्र का कच्छ जनपद, पूरब में असम प्रदेश का सूरमस जनपद (वर्तमान सूरमा घाटी) और दक्षिण में गोदावरी के किनारे अश्मक जनपद (वर्तमान पेठण) इन चार खूँटों के बीच में सारा भूभाग जनपदों में बँटा हुआ था और लोगों के राजनीतिक और सामाजिक जीवन एवं भाषाओं का जनपदीय विकास सहस्रों वर्षों से चला आता था।

पाणिनि ने सहस्रों शब्दों की व्युत्पत्ति बताई जो अष्टाध्यागी के चौथे पाँचवें अध्यायों में है। ब्राह्मण, क्षत्रिय, सैनिक, व्यापारी किसान, रँगरेज, बढ़ई, रसोइए, मोची, ग्वाले, चरवाहे, गड़रिये, बुनकर, कुम्हार आदि सैकड़ों पेशेवर लोगों से मिलजुलकर पाणिनि ने उनके विशेष पेशे के शब्दों का संग्रह किया।

पाणिनि ने यह बताया कि किस शब्द में कौन सा प्रत्यय लगता है। वर्णमाला के स्वर और व्यंजन रूप जो अक्षर है उन्हीं से प्रत्यय बनाए गए। जैसे– वर्षा से वार्षिक, यहाँ मूल शब्द वर्षा है उससे इक् प्रत्यय जुड़ गया और वार्षिक अर्थात् वर्षा संबंधी यह शब्द बन गया।

अष्टाध्यायी में तद्वितों का प्रकरण रोचक है। कहीं तो पाणिनि की सूक्ष्म छानबीन पर आश्चर्य होता हैं, जैसे व्यास नदी के उत्तरी किनारे की बाँगर भूमि में जो पक्के बारामासी कुएँ बनाए जाते थे उनके नामों का उच्चारण किसी दूसरे स्वर में किया जाता था और उसी के

दक्खिनी किनारे पर खादर भूमि में हर साल जो कच्चे कुएँ खोद लिए जाते थे उनके नामों का स्वर कुछ भिन्न था। यह बात पाणिनि ने "उदक् च बिपाशा" सूत्र में कही है। गायों और बैलों की तो जीवनकथा ही पाणिनि ने सूत्रों में भर दी है।

आर्थिक जीवन का अध्ययन करते हुए पाणिनि ने उन सिक्कों को भी जाँचा जो बाजारों में चलते थे। जैसे "शतमान", "कार्षापण", "सुवर्ण", "अंध", "पाद", "माशक" "त्रिंशत्क" (तीस मासे या साठ रत्ती तौल का सिक्का), "विंशतिक" (बीस मासे की तोल का सिक्का)। कुछ लोग अबला बदली से भी माल बेचते थे। उसे "निमान" कहा जाता था।

पाणिनि के काल में शिक्षा और वाङ्मय का बहुत विस्तार था। संस्कृत भाषा का उन्होंने बहुत ही गहरा अध्ययन किया था। वैदिक और लौकिक दोनों भाषाओं से वे पूर्णतया परिचित थे। उन्हीं की सामग्री से पाणिनि ने अपने व्याकरण की रचना की पर उसमें प्रधानता लौकिक संस्कृत की ही रखी। बोलचाल की लौकिक संस्कृत को उन्होंने भाषा कहा है। उन्होंने न केवल ग्रंथरचना को किंतु अध्यापन कार्य भी किया। (व्याकरण के उदाहरणों में उनके विषय का नाम कोत्स कहा है)। पाणिनि का शिक्षा विषयक संबंध, संभव है, तक्षशिला के विश्वविद्यालय से रहा हो। कहा जाता है, जब वे अपनी सामग्री का संग्रह कर चुके तो उन्होंने कुछ समय तक एकांतवास किया और अष्टाध्यायी की रचना की।

पाणिनि का समय क्या था, इस विषय में कई मत हैं। कोई उन्हें 7वीं शती ई. पू., कोई 5वीं शती या चौथी शती ई. पू. का कहते हैं। पतंजलि ने लिखा है कि पाणिनि की अष्टाध्यायी का संबंध किसी एक वेद से नहीं बल्कि सभी वेदों की परिषदों से था (सर्व वेद परिषद)। पाणिनि के ग्रंथों की सर्वसम्मत प्रतिष्ठा का यह भी कारण हुआ।

पाणिनि को किसी मतविशेष में पक्षपात न था। शब्द का अर्थ एक व्यक्ति है या जाति, इस विषय में उन्होंने दोनों पक्षों को माना है। गऊ शब्द एक गाय का भी वाचक है और गऊ जाति का भी।

वाजप्यायन और व्याडि नामक दो आचार्यों में भिन्न मतों का आग्रह था, पर पाणिनि ने सरलता से दोनों को स्वीकार कर लिया।

पाणिनि से पूर्व एक प्रसिद्ध व्याकरण इंद्र का था। उसमें शब्दों का प्रातिकंठिक या प्रातिपदिक विचार किया गया था। उसी की परंपरा पाणिनि से पूर्व भारद्वाज आचार्य के व्याकरण में ली गई थी। पाणिनि ने उसपर विचार किया। बहुत सी पारिभाषिक संज्ञाएँ उन्होंने उससे ले लीं, जैसे सर्वनाम, अव्यय आदि और बहुत सी नई बनाई, जैसे टि, घु, भ आदि।

पाणिनि को मांगलिक आचार्य कहा गया है। उनके हृदय की उदार वृत्ति मंगलात्मक कर्म और फल की इच्छुक थी। इसकी साक्षी यह है कि उन्होंने अपने शब्दानुशासन का आरंभ "वृद्ध" शब्द से किया। कुछ विद्वान् कहते हैं कि पाणिनि के ग्रंथ में न केवल आदिमंगल बल्कि मध्यमंगल और अंतमंगल भी है। उनका अंतिम सूत्र अ आ है। ह्रस्वकार वर्णसमन्वय का मूल है। पाणिनि को सुहृद्भूत आचार्य अर्थात् सबके मित्र एवं प्रमाणभूत आचार्य भी कहा है।

पंतजलि का कहना है कि पाणिनि ने जो सूत्र एक बार लिखा उसे काटा नहीं। व्याकरण में उनके प्रत्येक अक्षर का प्रमाण माना जाता है। शिष्य, गुरु, लोक और वेद धातुलि शब्द और देशी शब्द जिस ओर आचार्य ने दृष्टि डाली उसे ही रस से सींच दिया। आज भी पाणिनि "शब्दःलोके प्रकाशते", अर्थात् उनका नाम सर्वत्र प्रकाशित है।

समयकाल

इनका समयकाल अनिश्चित तथा विवादित है। इतना तय है कि छठी सदी ईसा पूर्व के बाद और चौथी सदी ईसापूर्व से पहले की अवधि में इनका अस्तित्व रहा होगा। ऐसा माना जाता है कि इनका जन्म पंजाब (पाकिस्तान) के शालातुला में हुआ था जो आधुनिक पेशावर (पाकिस्तान) के करीब है। इनका जीवनकाल 520–460 ईसा पूर्व माना जाता है।

पाणिनि के जीवनकाल को मापने के लिए यवनानी शब्द के उद्धरण का सहारा लिया जाता है। इसका अर्थ यूनान की स्त्री या यूनान की लिपि से लगाया जाता है। गांधार में यवनो (ळतममो) के बारे में प्रत्यक्ष जानकारी सिकंदर के आक्रमण के पहले नहीं थी। सिकंदर भारत में ईसा पूर्व 330 के आसपास आया था। पर ऐसा हो सकता है कि पाणिनि को फारसी यौन के जरिये यवनों की जानकारी होगी और पाणिनि दारा प्रथम (शासनकाल – 521–485 ईसा पूर्व) के काल में भी हो सकते हैं। प्लूटार्क के अनुसार सिकंदर जब भारत आया था तो यहां पहले से कुछ यूनानी बस्तियां थीं।

लेखन

ऐसा माना जाता है कि पाणिनि ने लिखने के लिए किसी न किसी माध्यम का प्रयोग किया होगा क्योंकि उनके द्वारा प्रयुक्त शब्द अति क्लिष्ट थे तथा बिना लिखे उनका विश्लेषण संभव नहीं लगता है। कई लोग कहते है कि उन्होंने अपने शिष्यों की स्मरण शक्ति का प्रयोग अपनी लेखन पुस्तिका के रूप में किया था। भारत में लिपि का पुनः प्रयोग (सिन्धु घाटी सभ्यता के बाद) 6ठी सदी ईसा पूर्व में हुआ और ब्राह्मी लिपि का प्रथम प्रयोग दक्षिण भारत के तमिलनाडु में हुआ जो उत्तर पश्चिम भारत के गांधार से दूर था। गांधार में 6ठी सदी ईसा पूर्व में फारसी शासन था और ऐसा संभव है कि उन्होने आर्माइक वर्णों का प्रयोग किया होगा।

कृतियां

पाणिनि का संस्कृत व्याकरण चार भागों में है –

- माहेश्वर सूत्र – स्वर शास्त्र
- अष्टाध्यायी या सूत्रपाठ[(1)] – शब्द विश्लेषण
- धातुपाठ – धातुमूल (क्रिया के मूल रूप)
- गणपाठ

पतंजलि ने पाणिनि के अष्टाध्यायी पर अपनी टिप्पणी लिखी

जिसे महाभाष्य का नाम दिया (महा+भाष्य (समीक्षा, टिप्पणी, विवेचना, आलोचना))

पाणिनि का महत्त्व

एक शताब्दी से भी पहले प्रसिद्ध जर्मन भारतविद् मैक्स मूलर (1823–1900) ने अपने **साइंस ऑफ थाट** में कहा –

"मैं निर्भीकतापूर्वक कह सकता हूँ कि अंग्रेज़ी या लैटिन या ग्रीक में ऐसी संकल्पनाएँ नगण्य हैं जिन्हें संस्कृत धातुओं से व्युत्पन्न शब्दों से अभिव्यक्त न किया जा सके। इसके विपरीत मेरा विश्वास है कि 2,50,000 शब्द सम्मिलित माने जाने वाले अंग्रेज़ी शब्दकोश की सम्पूर्ण सम्पदा के स्पष्टीकरण हेतु वांछित धातुओं की संख्या, उचित सीमाओं में न्यूनीकृत पाणिनीय धातुओं से भी कम है। .... अंग्रेज़ी में ऐसा कोई वाक्य नहीं जिसके प्रत्येक शब्द का 800 धातुओं से एवं प्रत्येक विचार का पाणिनि द्वारा प्रदत्त सामग्री के सावधानीपूर्वक विश्लेषण के बाद अविशष्ट 121 मौलिक संकल्पनाओं से सम्बन्ध निकाला न जा सके।"

पाणिनि की सूत्र शैली

पाणिनि के सूत्रों की शैली अत्यंत संक्षिप्त है। वे सूत्रयुग में ही हुए थे। श्रौत सूत्र, धर्म सूत्र, गृहस्थसूत्र, प्रातिशाख्य सूत्र भी इसी शैली में है किंतु पाणिनि के सूत्रों में जो निखार है वह अन्यत्र नहीं है। इसीलिये पाणिनि के सूत्रों को प्रतिष्णात सूत्र कहा गया है। पाणिनि ने वर्ण या वर्णमाला को 14 प्रत्याहार सूत्रों में बाँटा और उन्हें विशेष क्रम देकर 42 प्रत्याहार सूत्र बनाए। पाणिनि की सबसे बड़ी विशेषता यही है जिससे वे थोड़े स्थान में अधिक सामग्री भर सके। यदि अष्टाध्यायी के अक्षरों को गिना जाय तो उसके 3995 सूत्र एक सहस्र श्लोक के बराबर होते हैं। पाणिनि ने संक्षिप्त ग्रंथरचना की और भी कई युक्तियाँ निकालीं जैसे अधिकार और अनुवृत्ति अर्थात् सूत्र के एक या कई शब्दों को आगे के सूत्रों में ले जाना ज़िससे उन्हें दोहराना न पड़े। अर्थ करने की कुछ

परिभाषाएँ भी उन्होंने बनाई। एक बड़ी विचित्र युक्ति उन्होंने असिद्ध सूत्रों की निकाली। अर्थात् बाद का सूत्र अपने से पहले के सूत्र के कार्य को ओझल कर दे। पाणिनि का यह असिद्ध नियम उनकी ऐसी तंत्र युक्ति थी जो संसार के अन्य किसी ग्रंथ में नहीं पाई जाती।

वार्त्तिकसूची

1. ऋलृवर्णयोः मिथः सावर्ण्यं वाच्यम्।
2. अकच्स्वरौ तु कर्तव्यौ प्रत्यंगम् मुक्तसंशयौ।
3. अपुरि इति वक्तव्यम्।
4. विभाषाप्रकरणे तीयस्य ङित्सूपसंख्यानम्।
5. अन्त्यात् पूर्वो मस्जेरनुषंगसंयोगाऽदिलोपार्थम्।
6. लपर इति वक्तव्यम्।
7. स्वरदीर्घयलोपेषु लोपाजादेशः न स्थानिवत्।
8. क्विलुगुपधात्वचंपरनिर्ह्रासकुत्वेषु उपसंख्यानम्।
9. पूर्वत्रासिद्धे न स्थानिवत्।
10. तस्य दोषः संयोगादिलोपलत्वणत्वेषु।
11. वर्णाश्रये नास्ति प्रत्ययलक्षणम्।
12. उत्तरपदत्वे चापदादिविधौ।
13. नानर्थकेऽलोन्त्यविधिरनभ्यासविकारे।
14. अर्थवद्ग्रहणे नानर्थकस्य ग्रहणम्।
15. यस्मिन्विधिः तदादौ अल्ग्रहणे।
16. समासप्रत्ययविधौ प्रतिषेधः।
17. उगिद्वर्णग्रहणवर्जम्।
18. सुसर्वार्धदिक्शब्देभ्यो जनपदस्य।
19. घ्तोर्वृद्धिमद्विधाववयवानाम्।
20. पदांगाधिकारे तस्य च तदुत्तरस्य।
21. तन्मध्यपतितस्तद्ग्रहणेन गृह्यते।
22. अनिनस्मिन्ग्रहणान्यर्थवता चानर्थकेन च तदन्तविधिं प्रयोजयन्ति।
23. प्रत्ययग्रहणे चापंचम्याः।

पाणिनि और आधुनिक भाषाशास्त्र

पाणिनि का कार्य 19वीं सदी में यूरोप में जाना जाने लगा, जिससे इसका आधुनिक भाषाशास्त्र पर खूब प्रभाव पड़ा। आरंभ में फ़्रेन्ज़ बोप् ने पाणिनि का अध्ययन किया। बाद में बहुत सी रचनाओं से योरपीय संस्कृत के विद्वान् जैसे फर्नांडीस डी सॉसर, लियोनार्ड ब्लूमफील्ड और रोमन जैकब्सन् आदि प्रभावित हुए। फ्रिट्स् स्टाल ने योरप में भाषा पर भारतीय विचारों के प्रभाव की विवेचना की।

डी सॉर्स

पाणिनि और बाद के भारतीय भाषाशास्त्री भर्तृहरि का फ़र्डीनांड डि सॉसर के कई बुनियादी विचारों पर काफ़ी प्रभाव पड़ा। फ़र्डीनांड डि सॉसर संस्कृत के प्राध्यापक थे, जो कि आधुनिक संरचनात्मक भाषाशास्त्र के जनक कहे जाते हैं। सॉसर ने स्वयं अपने कुछ विचारों पर भारतीय व्याकरण के प्रभाव का ज़िक्र किया है। अपने 1881 में प्रकाशित "डी लेम्पलोइ डु जेनिटिफ़् घ्ब्सॉल्यु एन् सैनस्क्रिट्" (संस्कृत में जेनेटिव् निरपेक्ष का प्रयोग) में, उन्होंने पाणिनि को विशेषरूप से ज़िक्र करके अपनी रचना को प्रभावित करने वाला बताया है।

लियोनार्ड् ब्लूम्फ़ील्ड्

अमेरिकी संरचनावाद के संस्थापक लियोनॉर्ड् ब्लूम्फ़ील्ड ने 1927 में एक शोधपत्र लिखा जिसका शीर्षक था "ऑन् सम् रूल्स् ऑफ़् पाणिनि" (यानी, पाणिनि के कुछ नियमों पर)।

आज के औपचारिक तन्त्रों के साथ तुलना

पाणिनि का व्याकरण संसार का पहला औपचारिक तन्त्र (फ़ॉर्मल् सिस्टम) है। इसका विकास 19वीं सदी के गोट्लॉब फ्रेज के अन्वेषणों और उसके बाद के गणित के विकासों से बहुत पहले ही हो गया था। अपने व्याकरण का स्वरूप बनाने में पाणिनि ने "सहायक प्रतीकों" का प्रयोग किया, जिसमें नये शब्दांशों को सिन्टैक्टिक श्रेणियों का विभाजन

रखने के लिए प्रयोग किया, ताकि व्याकरण की व्युत्पत्तियों को यथेष्ट नियन्त्रित किया जा सके। ठीक यही तकनीक जब एमिल पोस्ट् ने दोबारा "खोजी", तो यह कम्प्यूटर प्रोग्रामिंग भाषाओं की अभिकल्पना के लिए मानदण्ड बना। आज संस्कृतविद् स्वीकार करते हैं कि पाणिनि का भाषीय औज़ार अनुप्रयुक्त पोस्ट–सिस्टम् के रूप में भली–भाँति वर्णित है। पर्याप्तमात्रा में प्रमाण मौजूद हैं कि इन प्राचीन लोगों को सहपाठ–संवेदी–व्याकरण (कन्टेक्स्ट–सेन्सिटिव ग्रामर) में महारत थी और कई जटिल समस्याओं को सुलझाने में व्यापक क्षमता थी।

अन्य रचनाएँ

पाणिनि को दो साहित्यिक रचनाओं के लिए भी जाना जाता है, यद्यपि वे अब प्राप्य नहीं हैं।

- जाम्बवती विजय आज एक अप्राप्य रचना है जिसका उल्लेख राजशेखर नामक व्यक्ति ने जह्लण की सूक्ति मुक्तावली में किया है। इसका एक भाग रामयुक्त की नामलिंगानुशासन की टीका में भी मिलता है।

राजशेखर ने जह्लण की सूक्तिमुक्तावली में लिखा है:
नमः **पाणिनये** तस्मै यस्मादाविर भूदिह।
आदौ व्याकरणं काव्यमनु **जाम्बवतीजयम्**।

- पातालविजय, जो आज अप्राप्य रचना है, जिसका उल्लेख नामिसाधु ने रुद्रटकृत काव्यालंकार की टीका में किया है।

9

याज्ञवल्क्य

याज्ञवल्क्य (ईसापूर्व 7वीं शताब्दी), भारत के वैदिक काल के एक ऋषि तथा दार्शनिक थे। वे वैदिक साहित्य में शुक्ल यजुर्वेद की वाजसनेयी शाखा के द्रष्टा हैं। इनको अपने काल का सर्वोपरि वैदिक ज्ञाता माना जाता है।

याज्ञवल्क्य का दूसरा महत्वपूर्ण कार्य शतपथ ब्राह्मण की रचना है – बृहदारण्यक उपनिषद जो बहुत महत्वपूर्ण उपनिषद है, इसी का भाग है।[2] इनका काल लगभग 800–700 ई पू के बीच माना जाता

है। इन ग्रंथों में इनको राजा जनक के दरबार में हुए शास्त्रार्थ के लिए जाना जाता है। शास्त्रार्थ और दर्शन की परंपरा में भी इनसे पहले किसी ऋषि का नाम नहीं लिया जा सकता। इनको **नेति नेति** (यह नहीं, यह भी नहीं) के व्यवहार का प्रवर्तक भी कहा जाता है।

जनक को बह्मविद्या की दिक्षा देते हुए याज्ञकवल्क्य

जन्म	कार्तिकमास की शुक्लसप्तमी
व्यवसाय	ऋषि
राष्ट्रीयता	भारतीय
विधा	यजुर्वेद के ज्ञाता
जीवनसाथी	मैत्रेयी
सम्बन्धी	वेदव्यास के शिष्य

भगवती सरस्वती याज्ञवल्क्य के सम्मुख प्रकट हुईं

व्यक्ति और काल

अनेक संस्कृत प्रंथों से कई याज्ञवल्क्यों का विवरण मिलता है–

1. वशिष्ठ कुल के गोत्रकार जिनको याज्ञदत्त नाम भी दिया जाता है। (मत्स्य पुराण, 200.6)
2. एक आचार्य जो व्यास की ऋक् परंपरा में से वाष्कल नामक ऋषि के शिष्य। (वायु पुराण, 60.12.15)
3. विष्णुपुराण में इन्हें ब्रह्मरात का पुत्र और वैशंपायन का शिष्य कहा गया है। (3.5.2)

सबसे संरंक्षित जो विवरण मिलता है वो शतपथ ब्राह्मण से मिलता है। ये उद्दालक आरुणि नामक आचार्य के शिष्य थे। यहाँ पर उनको वाजसनेय भी कहा गया है।

रचनाएँ और संकलन

शुक्ल यजुर्वेद

इस सांहिता में 40 अध्यायों के अन्तर्गत 1975 कण्डिका जिन्हे प्रचलित स्वरूप में मन्त्र के रूप में जाना जाता है। गद्यात्मको मन्त्रं यजुः एवं शेषे यजुः शब्दः इस प्रकार के इसके लक्षण प्रायः देखने में आते हैं। इसके प्रतिपाद्य विषय क्रमशः ये हैं– दर्शपौर्णमास इष्टि (1–2 अ0); अग्न्याधान (3 अ0); सोमयज्ञ (4–8 अ0); वाजपेय (9 अ.); राजसूय (9–10 अ.); अग्निचयन (11–18 अ.) सौत्रामणी (19–21 अ.); अश्वमेघ (22–29 अ.); सर्वमेध (32–33 अ.); शिवसंकल्प उपनिषद् (34 अ.); पितृयज्ञ (35 अ.); प्रवर्ग्य यज्ञ या धर्मयज्ञ (36–39 अ.); ईशोपनिषत् (40 अ.)। इस प्रकार यज्ञीय कर्मकांड का संपूर्ण विषय यजुर्वेद के अंतर्गत आता है।

शाखाएँ

अब तक इसकी दो शाखाएँ प्राप्त होती है जो कि पूर्व में 15 हुआ करती थी। प्राप्त शाखाओं में प्रथम है माध्यन्दिन तथा द्वितीय है काण्व।

माध्यन्दिन शाखा

इस शाखा का प्रचार प्रसार सम्प्रति उत्तर भारत में प्रायशः सर्वत्र देखने में आता है। इस शाखा की संहिता पर आचार्य महीधर, आचार्य उव्वट, स्वामी दयानन्द सरस्वती, पूज्यपाद श्री करपात्र स्वामी तथा श्रीपाददामोदर सातवलेकर की व्याख्या महत्वपूर्ण है।

शतपथ ब्राह्मण

किंतु याज्ञवल्क्य का दूसरा महत्वपूर्ण कार्य शतपथ ब्राह्मण की रचना है। इस ग्रंथ में 100 अध्याय हैं जो 14 कांडों में बँटे हैं। पहले दो कांडों में दर्श और पौर्णमास इष्टियों का वर्णन है। कांड 3, 4, 5 में पशुबंध और सोमयज्ञों का वर्णन है। कांड 6, 9, 8, 9 का संबंध अग्निचयन से है। इन 9 कांडों के 60 अध्याय किसी समय षटि पथ के नाम से प्रसिद्ध थे। दशम कांड अग्निरहस्य कहलाता है जिसमें अग्निचयन वाले 4 अध्यायों का रहस्य निरूपण है। कांड 6 से 10 तक में शांडिल्य को विशेष रूप से प्रमाण माना गया है। ग्यारहवें कांड का नाम संग्रह है जिसमें पूर्वर्दिष्ट कर्मकांड का संग्रह है। कांड 12, 13, 14 परिशिष्ट कहलाते हैं और उनमें फुटकर विषय हैं। सोलहवें कांड में वे अनेक आध्यात्म विषय हैं जिनके केंद्र में ब्रह्मवादी याज्ञवल्क्य का महान व्यक्तित्व प्रतिष्ठित है। उससे ज्ञात होता है कि याज्ञवल्क्य अअपने युग के दार्शनिकों में सबसे तेजस्वी थे। मिथिला के राजा जनक उनको अपना गुरु मानते थे। वहाँ जो ब्रह्मविद्या की परिषद बुलाई गई जिसमें कुरु, पांचाल देश के विद्वान भी सम्मिलित हुए उसमें याज्ञवल्क्य का स्थान सर्वोपरि रहा।

बृहदारण्यकोपनिषद

बृहदारणयकोपनिषद में याज्ञवल्क्य का यह सिद्धांत प्रतिपादित है कि ब्रह्म ही सर्वोपरि तत्व है और अमृत्व उस अक्षर ब्रह्म का स्वरूप है। इस विद्या का उपदेश याज्ञवल्क्य ने अपनी मैत्रेयी नामक प्रज्ञाशालिनी पत्नी को दिया था। शरीर त्यागने पर आत्मा की गति की व्याख्या

याज्ञवल्क्य ने जनक से की। यह भी वृहदारज्ञयकोपनिषद का विषय है। जनक के उस बहुदक्षिण यज्ञ में एक सहस्र गौओं की दक्षिणा नियत थी जो ब्रह्मनिष्ठ याज्ञवल्क्य ने प्राप्त की। शांतिपर्व के मोक्षधर्म पर्व में याज्ञवल्क्य और जनक (इनका नाम दैवराति है) का अव्यय अक्षर ब्रह्तत्व के विषय में एक महत्वपूर्ण संवाद सुरक्षित है (अ. 198–306, पूना संस्करण)। उसमें नित्य अभयात्मक गुह्य अक्षरतत्व था वेदप्रतिपाद्य ब्रह्मतत्व का अत्यंत स्पष्ट और सुदर विवेचन है। उसके अंत में याज्ञवल्क्य ने जनक से कहा–हे राजन्, क्षेत्रज्ञ को जानकर तुम इस ज्ञान की उपासना करोगे तो तुम भी ऋर्षि हो जाओगे। कर्मपरक यज्ञों की अपेक्षा ज्ञान ही श्रेष्ठ है (ज्ञानं विशिष्टं न तथाहि यज्ञाः, ज्ञानेन दुर्ग तरते न यज्ञैः, शांति. 306। 105)।

याज्ञवल्क्य के गुरु आचार्य वैशंपायन थे जिनसे वैदिक विषय में उनका भारी मतभेद हो गया था। भागवत और विष्णु पुराण के अनुसार याज्ञवल्क्य ने सूर्य की उपासना की थी और सूर्यऋयी विद्या एवं प्रणावत्मक अक्षर तत्व इन दोनों की एकता यही उनके दर्शन का मूल सूत्र था। विराट् विश्व में जो सहस्रात्मक सूर्य है उसी महान आदित्य की एक कला या अक्षर प्रणव रूप से मानव के कंद्र की संचालक गतिशक्ति है। याज्ञवल्क्य का यह अध्यात्म दर्शन अति महत्वपूर्ण है। एक व्यक्तित्व का पाजुष यज्ञ सदा विराट यज्ञ के साथ मिला रहता है। इससे मानव भी अमृत का ही एक अंश है। यही याज्ञवल्क्य का अयातयाम अर्थात् कभी बासी न पड़नेवाला ज्ञान है। भागवत के अनुसार याज्ञवल्क्य ने शुक्ल यजुर्वेद की 15 शाखाओं को जन्म दिया, जो वाजसनेय शाखा के नाम से प्रसिद्ध हुई। वे ही उनके शिष्यों द्वारा काणव, माध्यंदिनीय आदि शखाओं के रूप में प्रसिद्ध हुई (भा. 12. 6. 93–74)।

याज्ञवल्क्य ब्रह्मणकालीन प्राचीन आचार्य थे जो वैशंपायन, शाकटायन आदि की परंपरा में हुए और कात्यायन ने एक वार्तिक में उन ऋर्षियों को तुल्यकाल या समकालीन कहा है। (सूत्र 4. 3. 105 पर वार्तिक)।

याज्ञवल्क्य स्मृति

एक दृष्टि से याज्ञवल्क्य स्मृति प्रसिद्ध है। इस स्मृति में 1003 श्लोक हैं। इसपर विश्वरूप कृत बालक्रीड़ा (800–825), अपरार्क कृत याज्ञवल्कीय धर्मशास्त्र निबंध (12वीं शती) और विज्ञानेश्वर कृत मिताक्षरा (1070–1100) टीकाएँ प्रसिद्ध हैं। कारणे का मत है कि इसकी रचना लगभग विक्रम पूर्व पहली शती से लेकर तीसरी शती के बीच में हुई। स्मृति के अंतःसाक्ष्य इसमें प्रमाण है। इस स्मृति का संबंध शुक्ल यजुर्वेद की परंपरा से ही था। जैसे मानव धर्मशास्त्र की रचना प्राचीन धर्मसूत्र युग की सामगीं से हुई, ऐसे ही याज्ञवल्क्य स्मृति में भी प्राचीन सामग्री का उपयोग करते हुए सामग्री को भी स्थान दिया गया। कौटिल्य अर्थशास्त्र की सामग्री से भी याक्ज्ञवल्क्य के अर्थशास्त्र का विशेष साम्य पया जाता है। इसमें तीन कांड हैं आचार, व्यवहार और प्रायश्चित। इसकी विषय–निरूपण--पद्धति अत्यंत सुग्रथित है। इसपर विरचित मिताक्षरा टीका हिंदू धर्मशास्त्र के विषय में भारतीय न्यायालयों में प्रमाण मानी जाती रही है।

10

आर्यभट

आर्यभट (476–550) प्राचीन भारत के एक महान ज्योतिषविद् और गणितज्ञ थे। इन्होंने आर्यभटीय ग्रंथ की रचना की जिसमें ज्योतिषशास्त्र के अनेक सिद्धांतों का प्रतिपादन है। इसी ग्रंथ में इन्होंने अपना जन्मस्थान कुसुमपुर और जन्मकाल शक संवत् 398 लिखा है। बिहार में वर्तमान पटना का प्राचीन नाम कुसुमपुर था लेकिन आर्यभट का कुसुमपुर दक्षिण में था, यह अब लगभग सिद्ध हो चुका है।

एक अन्य मान्यता के अनुसार उनका जन्म महाराष्ट्र के अश्मक देश में हुआ था। उनके वैज्ञानिक कार्यों का समादर राजधानी में ही हो सकता था। अतः उन्होंने लम्बी यात्रा करके आधुनिक पटना के समीप कुसुमपुर में अवस्थित होकर राजसान्निध्य में अपनी रचनाएँ पूर्ण की।

आर्यभट का जन्म-स्थान

यद्यपि आर्यभट के जन्म के वर्ष का आर्यभटीय में स्पष्ट उल्लेख है, उनके जन्म के वास्तविक स्थान के बारे में विवाद है। कुछ मानते हैं कि वे नर्मदा और गोदावरी के मध्य स्थित क्षेत्र में पैदा हुए थे, जिसे अश्माका के रूप में जाना जाता था और वे अश्माका की पहचान मध्य भारत से करते हैं जिसमे महाराष्ट्र और मध्य प्रदेश शामिल है, हालाँकि आरंभिक बौद्ध ग्रन्थ अश्माका को दक्षिण में, दक्षिणापथ या दक्खन के रूप में वर्णित करते हैं, जबकि अन्य ग्रन्थ वर्णित करते हैं कि अश्माका

पुणे में आर्यभट की मूर्ति 476–550

जन्म	0 दिसम्बर 476 अश्मक, महाराष्ट्र, भारत
मृत्यु	0 दिसम्बर 550 (उम्र 74)
आवास	भारत
राष्ट्रीयता	भारतीय
क्षेत्र	प्राचीन गणितज्ञ, ज्योतिष्विद, खगोलज्ञ
संस्थान	नालंदा विश्वविद्यालय
प्रसिद्धि	आर्यभटीय, आर्यभट सिद्धांत, च का अन्वेषण

के लोग अलेक्जेंडर से लड़े होंगे, इस हिसाब से अश्माका को उत्तर की तरफ और आगे होना चाहिए।

एक ताजा अध्ययन के अनुसार आर्यभट, केरल के चाम्रवत्तम (10 उत्तर 51, 75 पूर्व 45) के निवासी थे। अध्ययन के अनुसार अस्मका एक जैन प्रदेश था जो कि श्रवणबेलगोल के चारों तरफ फैला हुआ था और यहाँ के पत्थर के खम्बों के कारण इसका नाम अस्मका पड़ा। चाम्रवत्तम इस जैन बस्ती का हिस्सा था, इसका प्रमाण है भारतापुझा नदी जिसका नाम जैनों के पौराणिक राजा भारता के नाम पर रखा गया है। आर्यभट ने भी युगों को परिभाषित करते वक्त राजा भारता का जिक्र किया है– दसगीतिका के पांचवें छंद में राजा भारत के समय तक बीत चुके काल का वर्णन आता है। उन दिनों में कुसुमपुरा में एक प्रसिद्ध विश्वविद्यालय था जहाँ जैनों का निर्णायक प्रभाव था और आर्यभट का काम इस प्रकार कुसुमपुरा पहुँच सका और उसे पसंद भी किया गया।

हालाँकि ये बात काफी हद तक निश्चित है कि वे किसी न किसी समय कुसुमपुरा उच्च शिक्षा के लिए गए थे और कुछ समय के लिए वहां रहे भी थे।

भास्कर (629 ई.) ने कुसुमपुरा की पहचान पाटलिपुत्र (आधुनिक पटना) के रूप में की है। गुप्त साम्राज्य के अन्तिम दिनों में वे वहां रहा करते थे। यह वह समय था जिसे भारत के स्वर्णिम युग के रूप में जाना जाता है, विष्णुगुप्त के पूर्व बुद्धगुप्त और कुछ छोटे राजाओं के साम्राज्य के दौरान उत्तर पूर्व में हूणों का आक्रमण शुरू हो चुका था।

आर्यभट अपनी खगोलीय प्रणालियों के लिए सन्दर्भ के रूप में श्रीलंका का उपयोग करते थे और आर्यभटीय में अनेक अवसरों पर श्रीलंका का उल्लेख किया है।

कृतियाँ

आर्यभट द्वारा रचित तीन ग्रंथों की जानकारी आज भी उपलब्ध है। **दशगीतिका, आर्यभटीय** और **तंत्र**। लेकिन जानकारों के अनुसार

उन्होने और एक ग्रंथ लिखा था–**'आर्यभट सिद्धांत'**। इस समय उसके केवल 34 श्लोक ही उपलब्ध हैं। उनके इस ग्रंथ का सातवे शतक में व्यापक उपयोग होता था। लेकिन इतना उपयोगी ग्रंथ लुप्त कैसे हो गया इस विषय में कोई निश्चित जानकारी नहीं मिलती।

उन्होंने **आर्यभटीय** नामक महत्वपूर्ण ज्योतिष ग्रन्थ लिखा, जिसमें वर्गमूल, घनमूल, समान्तर श्रेणी तथा विभिन्न प्रकार के समीकरणों का वर्णन है। उन्होंने अपने आर्यभटीय नामक ग्रन्थ में कुल 3 पृष्ठों के समा सकने वाले 33 श्लोकों में गणितविषयक सिद्धान्त तथा 5 पृष्ठों में 75 श्लोकों में खगोल–विज्ञान विषयक सिद्धान्त तथा इसके लिये यन्त्रों का भी निरूपण किया। आर्यभट ने अपने इस छोटे से ग्रन्थ में अपने से पूर्ववर्ती तथा पश्चाद्वर्ती देश के तथा विदेश के सिद्धान्तों के लिये भी क्रान्तिकारी अवधारणाएँ उपस्थित कीं।

उनकी प्रमुख कृति, आर्यभटीय, गणित और खगोल विज्ञान का एक संग्रह है, जिसे भारतीय गणितीय साहित्य में बड़े पैमाने पर उद्धृत किया गया है और जो आधुनिक समय में भी अस्तित्व में है। आर्यभटीय के गणितीय भाग में अंकगणित, बीजगणित, सरल त्रिकोणमिति और गोलीय त्रिकोणमिति शामिल हैं। इसमे सतत् भिन्न (कँटीन्यूड फ़्रेक्शन्स), द्विघात समीकरण (क्वाड्रेटिक इक्वेशंस), घात श्रृंखला के योग (सम्स ऑफ पावर सीरीज़) और ज्याओं की एक तालिका (Table of Sines) शामिल हैं।

आर्य–सिद्धांत, खगोलीय गणनाओं पर एक कार्य है जो अब लुप्त हो चुका है, इसकी जानकारी हमें आर्यभट के समकालीन वराहमिहिर के लेखनों से प्राप्त होती है, साथ ही साथ बाद के गणितज्ञों और टिप्पणीकारों के द्वारा भी मिलती है जिनमें शामिल हैं ब्रह्मगुप्त और भास्कर ऐसा प्रतीत होता है कि ये कार्य पुराने सूर्य सिद्धांत पर आधारित है और आर्यभटीय के सूर्योदय की अपेक्षा इसमें मध्यरात्रि–दिवस–गणना का उपयोग किया गया है। इसमे अनेक खगोलीय उपकरणों का वर्णन शामिल है, जैसे कि नोमोन (शंकु–यन्त्र), एक परछाई यन्त्र (छाया–यन्त्र), संभवतः कोण मापी उपकरण,

अर्धवृत्ताकार और वृत्ताकार (धनुर–यन्त्र / चक्र–यन्त्र), एक बेलनाकार छड़ी यस्ती–यन्त्र, एक छत्र–आकर का उपकरण जिसे छत्र– यन्त्र कहा गया है और कम से कम दो प्रकार की जल घड़ियाँ– धनुषाकार और बेलनाकार।

एक तीसरा ग्रन्थ जो अरबी अनुवाद के रूप में अस्तित्व में है, अल न्त्फ़ या अल नन्फ़ है, आर्यभट के एक अनुवाद के रूप में दावा प्रस्तुत करता है, परन्तु इसका संस्कृत नाम अज्ञात है। संभवतः 9वीं सदी के अभिलेखन में, यह फारसी विद्वान और भारतीय इतिहासकार अबू रेहान अल–बिरूनी द्वारा उल्लेखित किया गया है।

आर्यभटीय

आर्यभट के कार्य के प्रत्यक्ष विवरण सिर्फ़ आर्यभटीय से ही ज्ञात हैं। आर्यभटीय नाम बाद के टिप्पणीकारों द्वारा दिया गया है, आर्यभट ने स्वयं इसे नाम नहीं दिया होगा; यह उल्लेख उनके शिष्य भास्कर प्रथम ने अश्मकतंत्र या अश्माका के लेखों में किया है। इसे कभी कभी आर्य–शत–अष्ट (अर्थात आर्यभट के 108)– जो की उनके पाठ में छंदों की संख्या है–के नाम से भी जाना जाता है। यह सूत्र साहित्य के समान बहुत ही संक्षिप्त शैली में लिखा गया है, जहाँ प्रत्येक पंक्ति एक जटिल प्रणाली को याद करने के लिए सहायता करती है। इस प्रकार, अर्थ की व्याख्या टिप्पणीकारों की वजह से है। समूचे ग्रंथ में 108 छंद है, साथ ही परिचयात्मक 13 अतिरिक्त हैं, इस पूरे को चार पदों अथवा अध्यायों में विभाजित किया गया है :

(1) **गीतिकपाद** : (13 छंद) समय की बड़ी इकाइयाँ – कल्प, मन्वन्तर, युग, जो प्रारंभिक ग्रंथों से अलग एक ब्रह्माण्ड विज्ञान प्रस्तुत करते हैं जैसे कि लगध का वेदांग ज्योतिष, (पहली सदी ईसवी पूर्व, इनमें जीवाओं (साइन) की तालिका ज्या भी शामिल है जो एक एकल छंद में प्रस्तुत है। एक महायुग के दौरान, ग्रहों के परिभ्रमण के लिए 4.32 मिलियन वर्षों की संख्या दी गयी है।

(2) **गणितपाद** (33 छंद): में क्षेत्रमिति (क्षेत्र व्यवहार), गणित और ज्यामितिक प्रगति, शंकु/ छायाएँ (शंकु –छाया), सरल, द्विघात, युगपत और अनिश्चित समीकरण (कुट्टक) का समावेश है।

(3) **कालक्रियापाद** (25 छंद): समय की विभिन्न इकाइयाँ और किसी दिए गए दिन के लिए ग्रहों की स्थिति का निर्धारण करने की विधि। अधिक मास की गणना के विषय में (अधिकमास), क्षय–तिथियां। सप्ताह के दिनों के नामों के साथ, एक सात दिन का सप्ताह प्रस्तुत करते हैं।

(4) **गोलपाद** (50 छंद): आकाशीय क्षेत्र के ज्यामितिक /त्रिकोणमितीय पहलू, क्रांतिवृत्त, आकाशीय भूमध्य रेखा, आसंथि, पृथ्वी के आकार, दिन और रात के कारण, क्षितिज पर राशिचक्रीय संकेतों का बढ़ना आदि की विशेषताएं।

इसके अतिरिक्त, कुछ संस्करणों अंत में कृतियों की प्रशंसा आदि करने के लिए कुछ पुष्पिकाएं भी जोड़ते हैं।

आर्यभटीय ने गणित और खगोल विज्ञान में पद्य रूप में, कुछ नवीनताएँ प्रस्तुत की, जो अनेक सदियों तक प्रभावशाली रही। ग्रंथ की संक्षिप्तता की चरम सीमा का वर्णन उनके शिष्य भास्कर प्रथम (भाष्य, 600 और) द्वारा अपनी समीक्षाओं में किया गया है और अपने आर्यभटीय भाष्य (1465) में नीलकंठ सोमयाजी द्वारा।

आर्यभट का योगदान

भारतके इतिहास में जिसे 'गुप्तकाल' या 'स्वर्णयुग' के नाम से जाना जाता है, उस समय भारत ने साहित्य, कला और विज्ञान क्षेत्रों में अभूतपूर्व प्रगति की। उस समय मगध स्थित नालन्दा विश्वविद्यालय ज्ञानदान का प्रमुख और प्रसिद्ध केंद्र था। देश विदेश से विद्यार्थी ज्ञानार्जन के लिए यहाँ आते थे। वहाँ खगोलशास्त्र के अध्ययन के लिए एक विशेष विभाग था। एक प्राचीन श्लोक के अनुसार आर्यभट नालंदा विश्वविद्यालय के कुलपति भी थे।

आर्यभट का भारत और विश्व के ज्योतिष सिद्धान्त पर बहुत प्रभाव रहा है। भारत में सबसे अधिक प्रभाव केरल प्रदेश की ज्योतिष परम्परा पर रहा। आर्यभट भारतीय गणितज्ञों में सबसे महत्वपूर्ण स्थान रखते हैं। इन्होंने 120 आर्याछंदों में ज्योतिष शास्त्र के सिद्धांत और उससे संबंधित गणित को सूत्ररूप में अपने आर्यभटीय ग्रंथ में लिखा है।

उन्होंने एक ओर गणित में पूर्ववर्ती आर्किमिडीज़ से भी अधिक सही तथा सुनिश्चित पाई के मान को निरूपित किया तो दूसरी ओर खगोलविज्ञान में सबसे पहली बार उदाहरण के साथ यह घोषित किया गया कि स्वयं **पृथ्वी अपनी धुरी पर घूमती है।**

आर्यभट ने ज्योतिषशास्त्र के आजकल के उन्नत साधनों के बिना जो खोज की थी,यह उनकी महत्ता है। कोपर्निकस (1473 से 1543 ई.) ने जो खोज की थी उसकी खोज आर्यभट हजार वर्ष पहले कर चुके थे। "गोलपाद" में आर्यभट ने लिखा है "नाव में बैठा हुआ मनुष्य जब प्रवाह के साथ आगे बढ़ता है, तब वह समझता है कि अचर वृक्ष, पाषाण, पर्वत आदि पदार्थ उल्टी गति से जा रहे हैं। उसी प्रकार गतिमान पृथ्वी पर से स्थिर नक्षत्र भी उलटी गति से जाते हुए दिखाई देते हैं।" इस प्रकार आर्यभट ने सर्वप्रथम यह सिद्ध किया कि पृथ्वी अपने अक्ष पर घूमती है। इन्होंने सतयुग, त्रेता, द्वापर और कलियुग को समान माना है। इनके अनुसार एक कल्प में 14 मन्वंतर और एक मन्वंतर में 72 महायुग (चतुर्युग) तथा एक चतुर्युग में सतयुग, द्वापर, त्रेता और कलियुग को समान माना है।

आर्यभट के अनुसार किसी वृत्त की परिधि और व्यास का संबंध **62,832 : 20,000** आता है जो चार दशमलव स्थान तक शुद्ध है।

आर्यभट ने बड़ी–बड़ी संख्याओं को अक्षरों के समूह से निरूपित करने **कीत्यन्त** वैज्ञानिक विधि का प्रयोग किया है।

गणित

स्थानीय मान प्रणाली और शून्य–स्थान–मूल्य अंक प्रणाली, जिसे सर्वप्रथम तीसरी सदी की बख्शाली पाण्डुलिपि में देखा गया,

उनके कार्यों में स्पष्ट रूप से विद्यमान थी। उन्होंने निश्चित रूप से प्रतीक का उपयोग नहीं किया, परन्तु फ्रांसीसी गणितज्ञ जार्ज इफ्रह के मतानुसार–रिक्त गुणांक के साथ, दस की घात के लिए एक स्थान धारक के रूप में शून्य का ज्ञान आर्यभट के स्थान–मूल्य अंक प्रणाली में निहित था।

हालांकि, आर्यभट ने ब्राह्मी अंकों का प्रयोग नहीं किया था; वैदिक काल से चली आ रही संस्कृत परंपरा को निरंतर रखते हुए उन्होंने संख्या को निरूपित करने के लिए वर्णमाला के अक्षरों का उपयोग किया, मात्राओं (जैसे ज्याओं की तालिका) को स्मरक के रूप में व्यक्त करना।

अपरिमेय (इर्रेशनल) के रूप में–आर्यभट ने पाई (π) के सन्निकटन पर कार्य किया और संभवतः उन्हें इस बात का ज्ञान हो गया था कि पाई इर्रेशनल है। आर्यभटीयम् (गणितपाद) के दूसरे भाग में वे लिखते हैं:

चतुराधिकं शतमष्टगुणं द्वाषष्टिस्तथा सहस्राणाम्।
अयुतद्वयस्य विष्कम्भस्यासन्नो वृत्तपरिणाहः।।

100 में चार जोड़ें, आठ से गुणा करें और फिर 62000 जोड़ें। इस नियम से 20000 परिधि के एक वृत्त का व्यास ज्ञात किया जा सकता है।

$(100 + 4) \times 8 + 62000 / 20000 = 3.1416$

इसके अनुसार व्यास और परिधि का अनुपात $((4 + 100) \times 8 + 62000) / 20000 = 3.1416$ है, जो पाँच महत्वपूर्ण आंकडों तक बिलकुल सटीक है।

आर्यभट ने आसन्न (निकट पहुंचना), पिछले शब्द के ठीक पहले आने वाला, शब्द की व्याख्या की व्याख्या करते हुए कहा है कि यह न केवल एक सन्निकटन है, वरन यह कि मूल्य अतुलनीय (या इर्रेशनल) है। यदि यह सही है, तो यह एक अत्यन्त परिष्कृत दृष्टिकोण है, क्योंकि यूरोप में पाइ की तर्कहीनता का सिद्धांत लैम्बर्ट द्वारा केवल 1761 में ही सिद्ध हो पाया था।

आर्यभटीय के अरबी में अनुवाद के पश्चात् (पूर्व. 820ई.) बीजगणित पर मुहम्मद इब्न मूसा अल–ख़्वारिज़्मी की पुस्तक में इस सन्निकटन का उल्लेख किया गया था।

क्षेत्रमिति और त्रिकोणमिति–गणितपाद 6 में, आर्यभट ने त्रिकोण के क्षेत्रफल को इस प्रकार बताया है–

त्रिभुजस्य फलशरीरं समदलकोटि भुजार्धसंवर्गः

इसका अनुवाद यह हैः किसी त्रिभुज का क्षेत्रफल, लम्ब के साथ भुजा के आधे के (गुणनफल के) परिणाम के बराबर होता है।

आर्यभट ने अपने काम में द्विज्या (साइन) के विषय में चर्चा की है और उसको नाम दिया है अर्ध–ज्या इसका शाब्दिक अर्थ है "अर्ध–तंत्री"। आसानी की वजह से लोगों ने इसे ज्या कहना शुरू कर दिया। जब अरबी लेखकों द्वारा उनके काम का संस्कृत से अरबी में अनुवाद किया गया, तो उन्होंने इसको जिबा कहा (ध्वन्यात्मक समानता के कारणवश)। चूँकि, अरबी लेखन में, स्वरों का इस्तेमाल बहुत कम होता है, इसलिए इसका और संक्षिप्त नाम पड़ गया ज्ब। जब बाद के लेखकों को ये समझ में आया कि ज्ब जिबा का ही संक्षिप्त रूप है, तो उन्होंने वापिस जिबा का इस्तेमाल करना शुरू कर दिया। जिबा का अर्थ है "खोह" या "खाई" (अरबी भाषा में जिबा का एक तकनीकी शब्द के आलावा कोई अर्थ नहीं है)। बाद में बारहवीं सदी में, जब क्रीमोना के घेरार्दो ने इन लेखनों का अरबी से लैटिन भाषा में अनुवाद किया, तब उन्होंने अरबी जिबा की जगह उसके लेटिन समकक्ष साइनस को डाल दिया, जिसका शाब्दिक अर्थ "खोह" या खाई" ही है। और उसके बाद अंग्रेजी में, साइनस ही साइन बन गया।

अनिश्चित समीकरण–प्राचीन कल से भारतीय गणितज्ञों की विशेष रूचि की एक समस्या रही है उन समीकरणों के पूर्णांक हल ज्ञात करना जो $ax + b = cy$ स्वरूप में होती है, एक विषय जिसे वर्तमान समय में डायोफैंटाइन समीकरण के रूप में जाना जाता है। यहाँ आर्यभटीय पर भास्कर की व्याख्या से एक उदाहरण देते हैंः

वह संख्या ज्ञात करो जिसे 8 से विभाजित करने पर शेषफल

के रूप में 5 बचता है, 9 से विभाजित करने पर शेषफल के रूप में 4 बचता है, 7 से विभाजित करने पर शेषफल के रूप में 1 बचता है।

अर्थात, बताएं n = 8x+ 5 = 9y +4 = 7z +1. इससे N के लिए सबसे छोटा मान 85 निकलता है। सामान्य तौर पर, डायोफैंटाइन समीकरण कठिनता के लिए बदनाम थे। इस तरह के समीकरणों की व्यापक रूप से चर्चा प्राचीन वैदिक ग्रन्थ सुल्ब सूत्र में है, जिसके अधिक प्राचीन भाग 800 ई.पू. तक पुराने हो सकते हैं। ऐसी समस्याओं के हल के लिए आर्यभट की विधि को कुट्टक विधि कहा गया है। कुट्टक का अर्थ है पीसना, अर्थात छोटे छोटे टुकडों में तोड़ना और इस विधि में छोटी संख्याओं के रूप में मूल खंडों को लिखने के लिए एक पुनरावर्ती कलनविधि का समावेश था। आज यह कलनविधि, 621 ईसवी पश्चात में भास्कर की व्याख्या के अनुसार, पहले क्रम के डायोफैंटाइन समीकरणों को हल करने के लिए मानक पद्धति है, और इसे अक्सर आर्यभट एल्गोरिद्म के रूप में जाना जाता है। डायोफैंटाइन समीकरणों का इस्तेमाल क्रिप्टोलौजीमें होता है और आरएसए सम्मलेन, 2006 ने अपना ध्यान कुट्टक विधि और सुल्वसूत्र के पूर्व के कार्यों पर केन्द्रित किया।

बीजगणित

आर्यभटीय में आर्यभट ने वर्गों और घनों की श्रेणी के रोचक परिणाम प्रदान किये हैं।

$$1^2 + 2^2 + \cdots + n^2 = \frac{n(n+1)(2n+1)}{6}$$

और

$$1^3 + 2^3 + \cdots + n^3 = (1 + 2 + \cdots + n)^2$$

खगोल विज्ञान

आर्यभट की खगोल विज्ञान प्रणाली औदायक प्रणाली कहलाती थी, (श्रीलंका, भूमध्य रेखा पर उदय, भोर होने से दिनों की शुरुआत होती थी।) खगोल विज्ञान पर उनके बाद के लेख, जो सतही तौर पर एक द्वितीय मॉडल (अर्ध–रात्रिका, मध्यरात्रि), प्रस्तावित करते हैं, खो गए हैं, परन्तु इन्हे आंशिक रूप से ब्रह्मगुप्त के खण्डखाद्यक में हुई चर्चाओं से पुनः निर्मित किया जा सकता है। कुछ ग्रंथों में वे पृथ्वी के घूर्णन को आकाश की आभासी गति का कारण बताते हैं।

सौर प्रणाली की गतियाँ

प्रतीत होता है कि आर्यभट यह मानते थे कि पृथ्वी अपनी धुरी की परिक्रमा करती है। यह श्रीलंका को सन्दर्भित एक कथन से ज्ञात होता है, जो तारों की गति का पृथ्वी के घूर्णन से उत्पन्न आपेक्षिक गति के रूप में वर्णन करता है।

अनुलोम–गतिस् नौ–स्थस् पश्यति अचलम् विलोम–गम् यद्–वत्।

अचलानि भानि तद्–वत् सम–पश्चिम–गानि लंकायाम् (आर्यभटीय गोलपाद 9)

जैसे एक नाव में बैठा आदमी आगे बढ़ते हुए स्थिर वस्तुओं को पीछे की दिशा में जाते देखता है, बिल्कुल उसी तरह श्रीलंका में (अर्थात भूमध्य रेखा पर) लोगों द्वारा स्थिर तारों को ठीक पश्चिम में जाते हुए देखा जाता है।

अगला छंद तारों और ग्रहों की गति को वास्तविक गति के रूप में वर्णित करता है:

उदय–अस्तमय–निमित्तम् नित्यम् प्रवहेण वायुना क्षिप्तस्।

लंका–सम–पश्चिम–गस् भ–पंजरस् स–ग्रहस् भ्रमति (आर्यभटीय गोलपाद 10)

"उनके उदय और अस्त होने का कारण इस तथ्य की वजह से है कि प्रोवेक्टर हवा द्वारा संचालित गृह और एस्टेरिस्म्स चक्र श्रीलंका में निरंतर पश्चिम की तरफ चलायमान रहते हैं।

लंका (श्रीलंका) यहाँ भूमध्य रेखा पर एक सन्दर्भ बिन्दु है, जिसे खगोलीय गणना के लिए मध्याह्न रेखा के सन्दर्भ में समान मान के रूप में ले लिया गया था।

आर्यभट ने सौर मंडल के एक भूकेंद्रीय मॉडल का वर्णन किया है, जिसमे सूर्य और चन्द्रमा गृहचक्र द्वारा गति करते हैं, जो कि परिक्रमा करता है पृथ्वी की। इस मॉडल में, जो पाया जाता है पितामहसिद्धान्त (ई. 425), प्रत्येक ग्रहों की गति दो ग्रहचक्रों द्वारा नियंत्रित है, एक छोटा मंद (धीमा) ग्रहचक्र और एक बड़ा शीघ्र (तेज) ग्रहचक्र। पृथ्वी से दूरी के अनुसार ग्रहों का क्रम इस प्रकार है : चंद्रमा, बुध, शुक्र, सूरज, मंगल, बृहस्पति, शनि और नक्षत्र

ग्रहों की स्थिति और अवधि की गणना समान रूप से गति करते हुए बिन्दुओं से सापेक्ष के रूप में की गयी थी, जो बुध और शुक्र के मामले में, जो पृथ्वी के चारों ओर औसत सूर्य के समान गति से घूमते हैं और मंगल, बृहस्पति और शनि के मामले में, जो राशिचक्र में पृथ्वी के चारों ओर अपनी विशिष्ट गति से गति करते हैं। खगोल विज्ञान के अधिकांश इतिहासकारों के अनुसार यह द्वि ग्रहचक्र वाला मॉडल टॉलेमी के पहले के ग्रीक खगोल विज्ञानके तत्वों को प्रदर्शित करता है। आर्यभट के मॉडल के एक अन्य तत्व सिघ्रोका, सूर्य के संबंध में बुनियादी ग्रहों की अवधि, को कुछ इतिहासकारों द्वारा एक अंतर्निहित सूर्य केन्द्रित मॉडल के चिन्ह के रूप में देखा जाता है।

ग्रहण

उन्होंने कहा कि चंद्रमा और ग्रह सूर्य के परावर्तित प्रकाश से चमकते हैं। मौजूदा ब्रह्माण्डविज्ञान से अलग, जिसमे ग्रहणों का कारक छद्म ग्रह निस्पंद बिन्दु राहू और केतु थे, उन्होंने ग्रहणों को पृथ्वी द्वारा डाली जाने वाली और इस पर गिरने वाली छाया से सम्बद्ध बताया। इस प्रकार चंद्रगहण तब होता है जब चंद्रमा पृथ्वी की छाया में प्रवेश करता है (छंद गोला. 37) और पृथ्वी की इस छाया के आकार और विस्तार की विस्तार से चर्चा की (छंद गोला. 38–48)

और फिर ग्रहण के दौरान ग्रहण वाले भाग का आकार और इसकी गणना। बाद के भारतीय खगोलविदों ने इन गणनाओं में सुधार किया, लेकिन आर्यभट की विधियों ने प्रमुख सार प्रदान किया था। यह गणनात्मक मिसाल इतनी सटीक थी कि 18 वीं सदी के वैज्ञानिक गुइलौम ले जेंटिल ने, पांडिचेरी की अपनी यात्रा के दौरान, पाया कि भारतीयों की गणना के अनुसार 1765–08–30 के चंद्रग्रहण की अवधि 41 सेकंड कम थी, जबकि उसके चार्ट (द्वारा, टोबिअस मेयर, 1752) 68 सेकंड अधिक दर्शाते थे।

आर्यभट कि गणना के अनुसार पृथ्वी की परिधि 39,968.0582 किलोमीटर है, जो इसके वास्तविक मान 40,075.0167 किलोमीटर से केवल 0.2 कम है। यह सन्निकटन यूनानी गणितज्ञ, एराटोसथेंनस की संगणना के ऊपर एक उल्लेखनीय सुधार था,200 ई.) जिनकी गणना का आधुनिक इकाइयों में तो पता नहीं है, परन्तु उनके अनुमान में लगभग 5–10 की एक त्रुटि अवश्य थी।

नक्षत्रों के आवर्तकाल

समय की आधुनिक अंग्रेजी इकाइयों में जोड़ा जाये तो, आर्यभट की गणना के अनुसार पृथ्वी का आवर्तकाल (स्थिर तारों के सन्दर्भ में पृथ्वी की अवधि) 23 घंटे 56 मिनट और 4.1 सेकंड थी; आधुनिक समय 23:56:4.091 है। इसी प्रकार, उनके हिसाब से पृथ्वी के वर्ष की अवधि 365 दिन 6 घंटे 12 मिनट 30 सेकंड, आधुनिक समय की गणना के अनुसार इसमें 3 मिनट 20 सेकंड की त्रुटि है। नक्षत्र समय की धारण उस समय की अधिकतर अन्य खगोलीय प्रणालियों में ज्ञात थी, परन्तु संभवतः यह संगणना उस समय के हिसाब से सर्वाधिक शुद्ध थी।

सूर्य केंद्रीयता

आर्यभट का दावा था कि पृथ्वी अपनी ही धुरी पर घूमती है और उनके ग्रह सम्बन्धी ग्रहचक्र मॉडलों के कुछ तत्व उसी गति से घूमते

हैं जिस गति से सूर्य के चारों ओर ग्रह घूमते हैं। इस प्रकार ऐसा सुझाव दिया जाता है कि आर्यभट की संगणनाएँ अन्तर्निहित सूर्य केन्द्रित मॉडल पर आधारित थीं, जिसमे ग्रह सूर्य का चक्कर लगाते हैं। एक समीक्षा में इस सूर्य केन्द्रित व्याख्या का विस्तृत खंडन है। यह समीक्षा बी.एल. वान डर वार्डेन की एक किताब का वर्णन इस प्रकार करती है "यह किताब भारतीय गृह सिद्धांत के विषय में अज्ञात है और यह आर्यभट के प्रत्येक शब्द का सीधे तौर पर विरोध करता है,"। हालाँकि कुछ लोग यह स्वीकार करते हैं कि आर्यभट की प्रणाली पूर्व के एक सूर्य केन्द्रित मॉडल से उपजी थी जिसका ज्ञान उनको नहीं था। यह भी दावा किया गया है कि वे ग्रहों के मार्ग को अंडाकार मानते थे, हालाँकि इसके लिए कोई भी प्राथमिक साक्ष्य प्रस्तुत नहीं किया गया है। हालाँकि सामोस के एरिस्तार्चुस (तीसरी शताब्दी ई.पू.) और कभी कभार पोन्टस के हेराक्लिड्स(चौथी शताब्दी ई.पू.) को सूर्य केन्द्रित सिद्धांत की जानकारी होने का श्रेय दिया जाता है, प्राचीन भारत में ज्ञात ग्रीक खगोलशास्त्र(पौलिसा सिद्धांत – संभवतः अलेक्ज़न्द्रिया के किसी पॉल द्वारा) सूर्य केन्द्रित सिद्धांत के विषय में कोई चर्चा नहीं करता है।

विरासत

भारतीय खगोलीय परंपरा में आर्यभट के कार्य का बड़ा प्रभाव था और अनुवाद के माध्यम से इन्होंने कई पड़ोसी संस्कृतियों को प्रभावित किया। इस्लामी स्वर्ण युग (ई. 820), के दौरान इसका अरबी अनुवाद विशेष प्रभावशाली था। उनके कुछ परिणामों को अल–ख्वारिज्मी द्वारा उद्धृत किया गया है और 10 वीं सदी के अरबी विद्वान अल–बिरूनी द्वारा उन्हें सन्दर्भित किया गया गया है, जिन्होंने अपने वर्णन में लिखा है कि आर्यभट के अनुयायी मानते थे कि पृथ्वी अपनी धुरी पर घूमती है।

साइन (ज्या), कोसाइन (कोज्या) के साथ ही, वरसाइन (उक्रमाज्या) की उनकी परिभाषा, और विलोम साइन (उत्क्रम ज्या), ने

त्रिकोणमिति की उत्पत्ति को प्रभावित किया। वे पहले व्यक्ति भी थे जिन्होंने साइन और वरसाइन (1 – कोसएक्स) तालिकाओं को, ° डिग्री से 90 डिग्री तक 3.75° अंतरालों में, 4 दशमलव स्थानों की सूक्ष्मता तक निर्मित किया।

वास्तव में "साइन " और "कोसाइन " के आधुनिक नाम आर्यभट द्वारा प्रचलित ज्या और कोज्या शब्दों के गलत (अपभ्रंश) उच्चारण हैं। उन्हें अरबी में जिबा और कोजिबा के रूप में उच्चारित किया गया था। फिर एक अरबी ज्यामिति पाठ के लैटिन में अनुवाद के दौरान क्रेमोना के जेरार्ड द्वारा इनकी गलत व्याख्या की गयी; उन्होंने जिबा के लिए अरबी शब्द 'जेब' लिया जिसका अर्थ है "पोशाक में एक तह", एल साइनस (सी.1150)।

आर्यभट की खगोलीय गणना की विधियां भी बहुत प्रभावशाली थी। त्रिकोणमितिक तालिकाओं के साथ, वे इस्लामी दुनिया में व्यापक रूप से इस्तेमाल की जाती थी। और अनेक अरबी खगोलीय तालिकाओं (जिज) की गणना के लिए इस्तेमाल की जाती थी। विशेष रूप से, अरबी स्पेन वैज्ञानिक अल–झर्काली (11वीं सदी) के कार्यों में पाई जाने वाली खगोलीय तालिकाओं का लैटिन में तोलेडो की तालिकाओं (12वीं सदी) के रूप में अनुवाद किया गया और ये यूरोप में सदियों तक सर्वाधिक सूक्ष्म पंचांग के रूप में इस्तेमाल में रही।

आर्यभट और उनके अनुयायियों द्वारा की गयी तिथि गणना पंचांग अथवा हिंदू तिथिपत्र निर्धारण के व्यावहारिक उद्देश्यों के लिए भारत में निरंतर इस्तेमाल में रही हैं, इन्हे इस्लामी दुनिया को भी प्रेषित किया गया, जहाँ इनसे जलाली तिथिपत्र का आधार तैयार किया गया जिसे 1073 में उमर खय्याम सहित कुछ खगोलविदों ने प्रस्तुत किया,(26) जिसके संस्करण (1925 में संशोधित) आज ईरान और अफगानिस्तान में राष्ट्रीय कैलेंडर के रूप में प्रयोग में हैं। जलाली तिथिपत्र अपनी तिथियों का आंकलन वास्तविक सौर पारगमन के आधार पर करता है, जैसा आर्यभट (और प्रारंभिक सिद्धांत कैलेंडर में था)। इस प्रकार के तिथि पत्र में तिथियों की गणना के लिए एक

पंचांग की आवश्यकता होती है। यद्यपि तिथियों की गणना करना कठिन था, पर जलाली तिथिपत्र में ग्रेगोरी तिथिपत्र से कम मौसमी त्रुटियां थी।

भारत के प्रथम उपग्रह आर्यभट, को उनका नाम दिया गया। चंद्र खड्ड आर्यभट का नाम उनके सम्मान स्वरुप रखा गया है। खगोल विज्ञान, खगोल भौतिकी और वायुमंडलीय विज्ञान में अनुसंधान के लिए भारत में नैनीताल के निकट एक संस्थान का नाम आर्यभट प्रेक्षण विज्ञान अनुसंधान संस्थान (एआरआईएस) रखा गया है।

अंतर्विद्यालयीय आर्यभट गणित प्रतियोगिता उनके नाम पर है। बैसिलस आर्यभट, इसरो के वैज्ञानिकों द्वारा 2009 में खोजी गयी एक बैक्टीरिया की प्रजाति का नाम उनके नाम पर रखा गया है।

टिप्पणियाँ

क. 'चतुरधिकं शतमष्टगुणं द्वाषष्टिस्तथा सहस्राणाम।
अयुतद्वयविष्कम्भस्यासन्नो वृत्त–परिणाहः।।

(आर्यभटीय, गणितपाद, श्लोक 10)

ख. 'अनुलोमगतिर्नौस्थः पश्यत्यचलं विलोमगं यद्वत्।
अचलानि भानि तद्वत् समपश्चिमगानि लंकायाम्।।

(आर्यभटीय, गोलपाद, श्लोक 9)

(अर्थ–नाव में बैठा हुआ मनुष्य जब प्रवाह के साथ आगे बढ़ता है, तब वह समझता है कि अचर वृक्ष, पाषाण, पर्वत आदि पदार्थ उल्टी गति से जा रहे हैं। उसी प्रकार गतिमान पृथ्वी पर से स्थिर नक्षत्र भी उलटी गति से जाते हुए दिखाई देते हैं।)

11

आर्यभट्ट द्वितीय

जीवन काल

इन्होंने भी अपना समय कहीं नहीं लिखा है। डाक्टर सिंह और दत्त का मत है (हिस्ट्री ऑव हिंदू मैथिमैटिक्स, भाग 2, पृष्ठ 89) कि ये 950 ई. के लगभग थे, जो शककाल 872 होता है। दीक्षित लगभग 875 शक कहते हैं। आर्यभट्ट द्वितीय ब्रह्मगुप्त के पीछे हुए है, क्योंकि ब्रह्मगुप्त ने आर्यभट्ट की जिन बातों का खंडन किया है वे आर्यभट्टीय से मिलती हैं, महासिद्धांत से नहीं। महासिद्धांत से तो प्रकट होता है कि ब्रह्मगुप्त ने आर्यभट्टकी जिन–जिन बातों का खंडन किया है वे इसमें सुधार दी गई हैं। कुट्टक की विधि में भी आर्यभट्ट प्रथम, भास्कर प्रथम तथा बह्मगुप्त की विधियों से कुछ उन्नति दिखाई पड़ती है। इसलिए इसमें संदेह नहीं कि आर्यभट्ट द्वितीय ब्रह्मगुप्त के बाद हुए हैं।

योगदान

ब्रह्मगुप्त और लल्ल ने अयनचलन के संबंध में काई चर्चा नहीं की है, परंतु आर्यभट्ट द्वितीय ने इसपर बहुत विचार किया है। अपने ग्रंथ मध्यमाध्याय के श्लोक 11–12 में इन्होंने अयनबिंदु को एक ग्रह मानकर इसके कल्पभगण की संख्या 5,78,159 लिखी है जिससे अयनबिंदु की वार्षिक गति 173 विकला होती है जो बहुत ही अशुद्ध है। स्पष्टाधिकार में स्पष्ट अयनांश जानने के लिए जो रीति बताई गई

है उससे प्रकट होता है कि इनके अनुसार अयनांश 24 अंश से अधिक नहीं हो सकता और अयन की वार्षिक गति भी सदा एक सी नहीं रहती। कभी घटते–घटते शून्य हो जाती है और कभी बढ़ते–बढ़ते 173 विकला हो जाती है। इससे सिद्ध होता है कि आर्यभट्ट द्वितीय का समय वह था जब अयनगति के संबंध में हमारे सिद्धांतों को कोई निश्चय नहीं हुआ था। मंजुल के लघुमानस में अयनचलन के संबंध में स्पष्ट उल्लेख है, जिसके अनुसार एक कल्प में अयनभगण 1,99,669 होता है, जो वर्ष में 59.9 विकला होता है। मंजुल का समय 854 शक या 932 ईस्वी है, इसलिए आर्यभट्ट का समय इससे भी कुछ पहले होना चाहिए। इसलिए इनका समय 800 शक के लगभग होना चाहिए।

12

भास्कर प्रथम

भास्कर प्रथम (600 ई दृ 680 ईसवी) भारत के सातवीं शताब्दी के गणितज्ञ थे। संभवतः उन्होने ही सबसे पहले संख्याओं को हिन्दू दाशमिक पद्धति में लिखना आरम्भ किया। उन्होने आर्यभट्ट की कृतियों पर टीका लिखी और उसी सन्दर्भ में ज्या य (sin x) का परिमेय मान

बताया जो अनन्य एवं अत्यन्त उल्लेखनीय है। आर्यभटीय पर उन्होने सन् 629 में **आर्यभटीयभाष्य** नामक टीका लिखी जो संस्कृत गद्य में लिखी गणितएवं खगोलशास्त्र की प्रथम पुस्तक है। आर्यभट की परिपाटी में ही उन्होने महाभास्करीय एवं लघुभास्करीय नामक दो खगोलशास्त्रीय ग्रंथ भी लिखे।

महाभास्करीय

महाभास्करीय में आठ अध्याय हैं। सातवें अध्याय के श्लोक 17, 18 और 19 में उन्होने sin x का सन्निकट मान (pproximate value) निकालने का निम्नलिखित सूत्र दिया है–

$$\sin x \approx \frac{16x(\pi - x)}{5\pi^2 - 4x(\pi - x)}, \qquad (0 \le x \le \frac{\pi}{2})$$

इस सूत्र को उन्होने आर्यभट्ट द्वारा दिया हुआ बताया है। इस सूत्र से प्राप्त **ज्या य** के मानों का आपेक्षिक त्रुटि 1.9% से कम है। महाभास्करीय के कुछ भागों का बाद में अरबी में अनुवाद हुआ।

मख्यादिरहितं कर्मं वक्ष्यते तत्समासतः।
चक्रार्धांशकसमूहाद्विधोध्या ये भुजांशकाः।।17।।
तच्छेषगुणिता द्विष्टाः शोध्याः खाभ्रेषुखाब्धितः।
चतुर्थांशेन शेषस्य द्विष्ठमन्त्य फलं हतम्।।18।।
बाहुकोट्योः फलं कृत्स्नं क्रमोत्क्रमगुणस्य वा।
लभ्यते चन्द्रतीक्ष्णांश्वोस्ताराणां वापि तत्त्वतः।।19।।

13
भास्कराचार्य

भास्कराचार्य या **भास्कर द्वितीय** (1114 दृ 1185) प्राचीन भारत के एक प्रसिद्ध गणितज्ञ एवं ज्योतिषी थे। इनके द्वारा रचित मुख्य ग्रन्थ सिद्धान्त शिरोमणि है जिसमें लीलावती, बीजगणित, ग्रहगणित तथा गोलाध्याय नामक चार भाग हैं। ये चार भाग क्रमशः अंकगणित, बीजगणित, ग्रहों की गति से सम्बन्धित गणित तथा गोले से सम्बन्धित हैं। आधुनिक युग में धरती की गुरुत्वाकर्षण शक्ति (पदार्थों को अपनी ओर खींचने की शक्ति) की खोज का श्रेय न्यूटन को दिया जाता है। किंतु बहुत कम लोग जानते हैं कि गुरुत्वाकर्षण का रहस्य न्यूटन से भी कई सदियों पहले भास्कराचार्य ने उजागर कर दिया था। भास्कराचार्य ने अपने 'सिद्धांतशिरोमणि' ग्रंथ में पृथ्वी के गुरुत्वाकर्षण के बारे में लिखा है कि 'पृथ्वी आकाशीय पदार्थों को विशिष्ट शक्ति से अपनी ओर खींचती है। इस कारण आकाशीय पिण्ड पृथ्वी पर गिरते हैं'। उन्होने करणकौतूहलनामक एक दूसरे ग्रन्थ की भी रचना की थी। ये अपने समय के सुप्रसिद्ध गणितज्ञ थे। कथित रूप से यह उज्जैन की वेधशाला के अध्यक्ष भी थे। उन्हें मध्यकालीन भारत का सर्वश्रेष्ठ गणितज्ञ माना जाता है।

भास्कराचार्य के जीवन के बारे में विस्तृत जानकारी नहीं मिलती है। कुछदृकुछ जानकारी उनके श्लोकों से मिलती हैं। निम्नलिखित श्लोक के अनुसार भास्कराचार्य का जन्म विज्जडविड नामक गाँव में हुआ था जो सहयाद्रि पहाड़ियों में स्थित है।

आसीत सह्यकुलाचलाश्रितपुरे त्रैविद्यविद्वज्जने।
नाना जज्जनधाम्नि विज्जडविडे शाण्डिल्यगोत्रोद्विजः।।
श्रौतस्मार्तविचारसारचतुरो निःशेषविद्यानिधि।
साधुर्नामवधिर्महेश्वचरकृती दैवज्ञचूडामणि।।

(गोलाध्याये प्रश्नाध्याय, श्लोक 61)

इस श्लोक के अनुसार भास्कराचार्य शांडिल्य गोत्र के थे और सह्याद्रि क्षेत्र के विज्जलविड नामक स्थान के निवासी थे। लेकिन विद्वान इस विज्जलविड ग्राम की भौगोलिक स्थिति का प्रामाणिक निर्धारण नहीं कर पाए हैं। डॉ. भाऊ दाजी (1822–1874 ई.) ने महाराष्ट्र के चालीसगाँव से लगभग 16 किलोमीटर दूर पाटण गाँव के एक मंदिर में एक शिलालेख की खोज की थी। इस शिलालेख के अनुसार भास्कराचार्य के पिता का नाम महेश्वर था और उन्हीं से उन्होंने गणित, ज्योतिष, वेद, काव्य, व्याकरण आदि की शिक्षा प्राप्त की थी।

गोलाध्याय के प्रश्नाध्याय, श्लोक 58 में भास्कराचार्य लिखते हैं :

रसगुणपूर्णमही समशकनृपसमयेऽभवन्मोत्पत्तिः।
रसगुणवर्षेण मया सिद्धान्तशिरोमणि रचितः।।

(अर्थ : शक संवत 1036 में मेरा जन्म हुआ और छत्तीस वर्ष की आयु में मैंने सिद्धान्तशिरोमणि की रचना की।)

अतः उपरोक्त श्लोक से स्पष्ट है कि भास्कराचार्य का जन्म शक दृ संवत 1036, अर्थात ईस्वी संख्या 1114 में हुआ था और उन्होंने 36 वर्ष की आयु में शक संवत 1072, अर्थात ईस्वी संख्या 1150 में लीलावती की रचना की थी।

भास्कराचार्य के देहान्त के बारे में कोई स्पष्ट जानकारी नहीं मिलती। उन्होंने अपने ग्रंथ करण–कुतूहल की रचना 69 वर्ष की आयु में 1183 ई. में की थी। इससे स्पष्ट है कि भास्कराचार्य को लम्बी आयु मिली थी। उन्होंने गोलाध्याय में ऋतुओं का सरस वर्णन किया है जिससे पता चलता है कि वे गणितज्ञ के साथदृसाथ एक उच्च कोटि के कवि भी थे।

कृतियाँ

सन् 1150 ई0 में इन्होंने सिद्धान्त शिरोमणि नामक पुस्तक, संस्कृत श्लोकों में, चार भागों में लिखी है, जो क्रम से इस प्रकार है:

1. पाटीगणिताध्याय या लीलावती,
2. बीजगणिताध्याय,
3. ग्रहगणिताध्याय, तथा
4. गोलाध्याय

इनमें से प्रथम दो स्वतंत्र ग्रंथ हैं और अंतिम दो "सिद्धांत शिरोमणि" के नाम से प्रसिद्ध हैं। इसके अलावा **करणकुतूहल** और **वासनाभाष्य** (सिद्धान्तशिरोमणि का भाष्य) तथा **भास्कर व्यवहार** और **भास्कर विवाह पटल** नामक दो छोटे ज्योतिष ग्रंथ इन्हीं के लिखे हुए हैं। इनके सिद्धान्तशिरोमणि से ही भारतीय ज्योतिष शास्त्र का सम्यक् तत्व जाना जा सकता है।

69 वर्ष की आयु में उन्होंने अपनी द्वितीय पुस्तक करणकुतूहल लिखी। इस पुस्तक में खगोल विज्ञान की गणना है। यद्यपि यह कृति प्रथम पुस्तक की तरह प्रसिद्ध नहीं है, फिर भी पंचांग आदि बनाने के समय अवश्य देखा जाता है।

योगदान

भास्कर एक मौलिक विचारक भी थे। वह प्रथम गणितज्ञ थे जिन्होनें पूरे आत्मविश्वास के साथ कहा था कि कोई संख्या जब शून्य से विभक्त की जाती है तो अनंत हो जाती है। किसी संख्यां और अनंत का जोड़ भी अंनत होता है।

खगोलविद् के रूप में भास्कर अपनी **तात्कालिक गति** की अवधारणा के लिए प्रसिद्ध हैं। इससे खगोल वैज्ञानिकों को ग्रहों की गति का सही–सही पता लगाने में मदद मिलती है।

बीजगणित में भास्कर ब्रह्मगुप्त को अपना गुरु मानते थे और उन्होंने ज्यादातर उनके काम को ही बढ़ाया। बीजगणित के समीकरण को हल करने में उन्होंने चक्रवाल का तरीका अपनाया। वह उनका

एक महत्वपूर्ण योगदान है। छह शताब्दियों के पश्चात् यूरोपियन गणितज्ञों जैसे गेलोयस, यूलर और लगरांज ने इस तरीके की फिर से खोज की और 'इनवर्स साइक्लिक' कह कर पुकारा। किसी गोलार्ध का क्षेत्र और आयतन निश्चित करने के लिए समाकलन गणित द्वारा निकालने का वर्णन भी पहली बार इस पुस्तक में मिलता है। इसमें त्रिकोणमिति के कुछ महत्वपूर्ण सूत्र, प्रमेय तथा क्रमचय और संचय का विवरण मिलता है।

सर्वप्रथम इन्होंने ही अंकगणितीय क्रियाओं का अपरिमेय राशियों में प्रयोग किया। गणित को इनकी सर्वोत्तम देन चक्रीय विधि द्वारा आविष्कृत, अनिश्चित एकघातीय और वर्ग समीकरण के व्यापक हल हैं। भास्कराचार्य के ग्रंथ की अन्यान्य नवीनताओं में त्रिप्रश्नाधिकार की नई रीतियाँ, उदयांतर काल का स्पष्ट विवेचन आदि है।

भास्करचार्य को अनंत तथा कलन के कुछ सूत्रों का भी ज्ञान था। इनके अतिरिक्त इन्होंने किसी फलन के अवकल को "तात्कालिक गति" का नाम दिया और सिद्ध किया कि

d (ज्या q) = (कोटिज्या q) . dq

(शब्दों में, बिम्बार्धस्य कोटिज्या गुणस्त्रिज्याहारः फलं दोर्ज्यायोरान्तरम्)

भास्कर को अवकल गणित का संस्थापक कह सकते हैं। उन्होंने इसकी अवधारणा आइज़ैक न्यूटन और गोटफ्राइड लैब्नीज से कई शताब्दियों पहले की थी। ये दोनों पश्चिम में इस विषय के संस्थापक माने जाते हैं। जिसे आज अवकल गुणांक और रोल्स का प्रमेय कहते हैं, उसके उदाहरण भी दिए हैं।

न्यूटन के जन्म के आठ सौ वर्ष पूर्व ही इन्होंने अपने गोलाध्याय नामक ग्रंथ में 'माध्यकर्षणतत्व' के नाम से गुरुत्वाकर्षण के नियमों की विवेचना की है। ये प्रथम व्यक्ति हैं, जिन्होंने दशमलव प्रणाली की क्रमिक रूप से व्याख्या की है। इनके ग्रंथों की कई टीकाएँ हो चुकी हैं तथा देशी और विदेशी बहुत सी भाषाओं में इनके अनुवाद हो चुके हैं।

त्रिकोणमिति

गोलाध्याय के ज्योत्पत्ति भाग में निम्नलिखित श्लोकों में Sin (a=b) = Sin a Cos b + Cos a sin b का वर्णन है–

चापयोरिष्टयोर्दोर्ज्ये मिथःकोटिज्यकाहते।

त्रिज्याभक्ते तयोरैक्यं स्याच्चापैक्यस्य दोर्ज्यका।। 21।।

चापान्तरस्य जीवा स्यात् तयोरन्तरसंमिता।। 21 1/2।।

खगोल

==इंजीनियरी== अमरगति (perpetual motion) का सबसे पहला उल्लेख भास्कराचार्य ने ही किया है। == अभियांत्रिकी == कायमस्वरुपी मोहिमेचा पहिला उल्लेख भास्करचार्य केवळ करतो. उन्होने एक चक्र का वर्णन किया है और दावा किया है कि वह सदा घूमता रहेगा। त्यांनी एका चक्राचे वर्णन केले आहे आणि असा दावा केला आहे की ते नेहमी फिरत राहतील. भास्कर द्वितीय **यस्तियंत्र** नामक एक मापन यंत्र का उपयोग करते थे। भास्कर 'यस्टियनट्रा' नावाची दुसरी मोजमाप यंत्र वापरत असे. इसकी सहायता से कोण का मापन करते थे। त्याचा कोन त्याच्या मदतीने मोजला।

14

ब्रह्मगुप्त

ब्रह्मगुप्त (598–668) प्रसिद्ध भारतीय गणितज्ञ थे। वे तत्कालीन गुर्जर प्रदेश (भीनमाल) के अन्तर्गत आने वाले प्रख्यात शहर उज्जैन (वर्तमान मध्य प्रदेश) की अन्तरिक्ष प्रयोगशाला के प्रमुख थे और इस दौरान उन्होने दो विशेष ग्रन्थ लिखे: ब्राह्मस्फुटसिद्धान्त (सन 628 में) और खण्डखाद्यक या खण्डखाद्यपद्धति (सन् 665 ई में)।

ये अच्छे वेधकर्ता थे और इन्होंने वेधों के अनुकूल भगणों की कल्पना की है। प्रसिद्ध गणितज्ञ ज्योतिषी, भास्कराचार्य, ने अपने सिद्धांत को आधार माना है और बहुत स्थानों पर इनकी विद्वत्ता की प्रशंसा की है। मध्यकालीन यात्री अलबरूनी ने भी ब्रह्मगुप्त का उल्लेख किया है।

जीवन परिचय

ब्रह्मगुप्त आबू पर्वत तथा लुणी नदी के बीच स्थित, भीनमाल नामक ग्राम के निवासी थे। इनके पिता का नाम जिष्णु था। इनका जन्म शक संवत् 520 में हुआ था। इन्होंने प्राचीन ब्रह्मपितामहसिद्धांत के आधार पर ब्राह्मस्फुटसिद्धान्त तथा खण्डखाद्यक नामक करण ग्रंथ लिखे, जिनका अनुवाद अरबी भाषामें, अनुमानतः खलीफा मंसूर के समय, सिंदहिंद और अल अकरंद के नाम से हुआ। इनका एक अन्य ग्रंथ 'ध्यानग्रहोपदेश' नाम का भी है। इन ग्रंथों के कुछ परिणामों का विश्वगणित में अपूर्व स्थान है।

जन्म	598 CE
मृत्यु	c.670 CE
क्षेत्र	गणितज्ञ,
प्रसिद्धि	शून्य

आचार्य ब्रह्मगुप्त का जन्म राजस्थान राज्य के भीनमाल शहर मे ईस्वी सन् 598 मे हुआ था। इसी कारण उन्हें ' भिल्लमालाआचार्य ' के नाम से भी कई जगह उल्लेखित किया गया है। यह शहर तत्कालीन गुजरात प्रदेश की राजधानी तथा हर्षवर्धन साम्राज्य के राजा व्याघ्रमुख के समकालीन माना जाता है।

गणितीय कार्य

'ब्रह्मस्फुटसिद्धांत' उनका सबसे पहला ग्रन्थ माना जाता है जिसमें शून्य का एक अलग अंक के रूप में उल्लेख किया गया है। यही नहीं, बल्कि इस ग्रन्थ में ऋणात्मक (negative) अंकों और शून्य पर गणित करने के सभी नियमों का वर्णन भी किया गया है। ये नियम आज की समझ के बहुत करीब हैं। हाँ, एक अन्तर अवश्य है कि ब्रह्मगुप्त शून्य से भाग करने का नियम सही नहीं दे पाये: $0/0 = 0$.

"ब्रह्मस्फुटसिद्धांत" के साढ़े चार अध्याय मूलभूत गणित को समर्पित हैं। 12वां अध्याय, गणित, अंकगणितीय शृंखलाओं तथा ज्यामिति के बारे में है। 18वें अध्याय, कुट्टक (बीजगणित) में आर्यभट्ट के रैखिक अनिर्धार्य समीकरण (linear indeterminate equation, equations of the form $ax - by = c$) के हल की विधि की चर्चा है। (बीजगणित के जिस प्रकरण में अनिर्धार्य समीकरणों का अध्ययन किया जाता है, उसका पुराना नाम 'कुट्टक' है। ब्रह्मगुप्त ने उक्त प्रकरण के नाम पर ही इस विज्ञान का नाम सन् 628 ई. में 'कुट्टक गणित' रखा।) ब्रह्मगुप्त ने द्विघातीय अनिर्धार्य समीकरणों ($Nx^2 + 1 = y^2$) के हल की विधि भी खोज निकाली। इनकी विधि का नाम चक्रवाल विधि है। गणित के सिद्धान्तों का ज्योतिष में प्रयोग करने वाला वह प्रथम व्यक्ति था। उनके ब्राह्मस्फुटसिद्धान्त के द्वारा ही अरबों को भारतीय ज्योतिष का पता लगा। अब्बासिद ख़लीफ़ा अल–मंसूर (712–775 ईस्वी) ने बग़दाद की स्थापना की और इसे शिक्षा के केन्द्र के रूप में विकसित किया। उसने उज्जैन के कंक: को आमंत्रित किया जिसने ब्राह्मस्फुटसिद्धान्त के सहारे भारतीय ज्योतिष की व्याख्या की। अब्बासिद

के आदेश पर अल–फ़ज़री ने इसका अरबी भाषा में अनुवाद किया।

ब्रह्मगुप्त ने किसी वृत्त के क्षेत्रफल को उसके समान क्षेत्रफल वाले वर्ग से स्थानान्तरित करने का भी यत्न किया।

ब्रह्मगुप्त ने पृथ्वी की परिधि ज्ञात की थी, जो आधुनिक मान के निकट है।

ब्रह्मगुप्त पाई (pi) (3.14159265) का मान 10 के वर्गमूल (3.16227766) के बराबर माना।

ब्रह्मगुप्त अनावर्त वितत भिन्नों के सिद्धांत से परिचित थे। इन्होंने एक घातीय अनिर्धार्य समीकरण का पूर्णांकों में व्यापक हल दिया, जो आधुनिक पुस्तकों में इसी रूप में पाया जाता है और अनिर्धार्य वर्ग समीकरण, $K y^2 + 1 = x^2$, को भी हल करने का प्रयत्न किया।

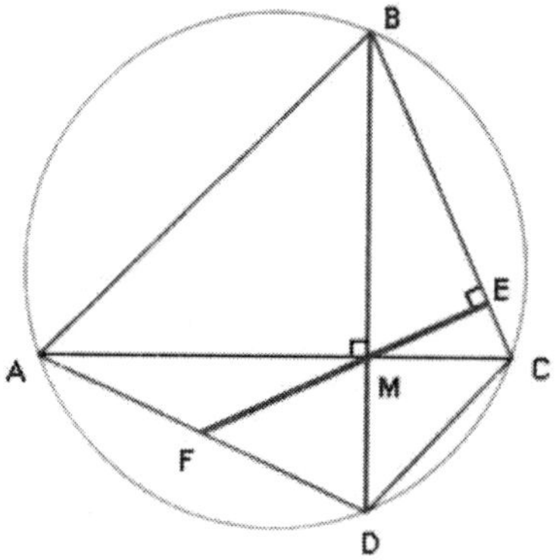

ब्रह्मगुप्त का सूत्र

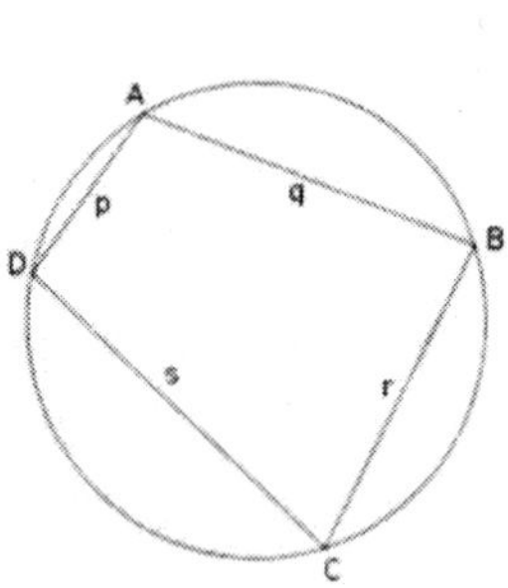

ब्रह्मगुप्त का सबसे महत्वपूर्ण योगदान चक्रीय चतुर्भुज पर है। उन्होने बताया कि चक्रीय चतुर्भुज के विकर्ण परस्पर लम्बवत होते हैं। ब्रह्मगुप्त ने चक्रीय चतुर्भुज के क्षेत्रफल निकालने का सन्निकट सूत्र (approximate formula) तथा यथातथ

सूत्र (exact formula) भी दिया है।

चक्रीय चतुर्भुज के क्षेत्रफल का सन्निकट सूत्र:

$$\left(\frac{p+r}{2}\right)\left(\frac{q+s}{2}\right)$$

चक्रीय चतुर्भुज के क्षेत्रफल का यथातथ सूत्र:

$$\sqrt{(t-p)(t-q)(t-r)(t-s)}.$$

जहाँ t = चक्रीय चतुर्भुज का अर्धपरिमाप तथा p, q, r, s उसकी भुजाओं की नाप है। हेरोन का सूत्र, जो एक त्रिभुज के क्षेत्रफल निकालने का सूत्र है, इसका एक विशिष्ट रूप है।

15

बृहद्देशी

बृहद्देशी संगीत से संबन्धित संस्कृत ग्रंथ है। इसके रचयिता मतंग मुनि (6वीं शती) थे।

वैदिक, ऋषिप्रोक्त तथा आगम पुराण से प्रवाहित, भारतीय संगीत की त्रिवेणी में सामवेदीय परम्परा से जुड़े आचार्य भरत की शिष्य–प्रशिष्य परम्परा के साथ तत्कालीन संगीत के शास्त्रीय और प्रायोगिक स्वरूप का सर्वांगीण विवेचन करने वाले पाँचवीं–छठी शती के आचार्यों में आचार्य मतंग प्रमुख हैं। समकालीन अन्य परम्पराओं के तुलनात्मक विवेचन में संगीत–शास्त्र के सिद्धान्तों की बृहत चर्चा के साथ मतंग का यह कथन कि जाति–गायन, गीति–गायन, अथवा राग–गायन को नाट्य के विभिन्न अंको में अनेकविध प्रयुक्त करना चाहिये, आज के नाट्य दिग्दर्शकों के लिए विचारणीय बिन्दु हैं।

मतंग के समय में प्रचलित प्रबंधों में संस्कृत के अलावा तत्कालीन अन्य भाषाओं में गेय रचनाओं का वर्गीकरण तत्कालीन संगीतज्ञों की लोकाभिमुख दृष्टि का परिचायक है। संगीत के सर्वग्राही स्वरूप का प्रतिपादन शांर्गदेवकृत संगीतरत्नाकर से पूर्व भी अनेक बार किया गया है।

आचार्य मतंग ने अपने ग्रंथ 'बृहद्देशी' के 'देशी–उत्पात्ति–प्रकरण' में नाद की व्यापख्याा करते हुये बताया है कि नाद के बिना कोई संगीत या संगीत सृजन नहीं।

न नादेन बिना गीतं, न नादेन बिना स्वीराः।
न नादेन बिना नृतं, तस्मोन्नाकदात्मपकं जगत्।।

16

शून्य

शून्य (0) एक अंक है जो संख्याओं के निरूपण के लिये प्रयुक्त आजकी सभी स्थानीय मान पद्धतियों का अपरिहार्य प्रतीक है। इसके अलावा यह एक संख्या भी है। दोनों रूपों में गणित में इसकी अत्यन्त महत्वपूर्ण भूमिका है। पूर्णांकों तथा वास्तविक संख्याओं के लिये यह योग का तत्समक अवयव (additive identity) है।

गुण

- किसी भी वास्तविक संख्या को शून्य से गुणा करने से शून्य प्राप्त होता है। (x * 0 = 0)
- किसी भी वास्तविक संख्या को शून्य से जोड़ने या घटाने पर वापस वही संख्या प्राप्त होती है। (x + 0 = x ; x − 0 = •)

आविष्कार

प्राचीन बक्षाली पाण्डुलिपि में, जिसका कि सही काल अब तक निश्चित नहीं हो पाया है परन्तु निश्चित रूप से उसका काल आर्यभट्ट के काल से प्राचीन है, शून्य का प्रयोग किया गया है और उसके लिये उसमें संकेत भी निश्चित है। 2017 में, इस पाण्डुलिपि से 3 नमूने लेकर उनका रेडियोकार्बन विश्लेषण किया गया। इससे मिले परिणाम इस अर्थ में आश्चर्यजनक हैं कि इन तीन नमूनों की रचना तीन

अलग–अलग शताब्दियों में हुई थी– पहली की 224 ई॰ दृ 383 ई॰, दूसरी की 680–779 ई॰, तथा तीसरी की 885दृ993 ई॰। इस प्रश्न का उत्तर नहीं मिल पा रहा है कि विभिन्न शताब्दियों में रचित पन्ने एक साथ जोड़े जा सके।

शून्य का आविष्कार किसने और कब किया यह आज तक अंधकार के गर्त में छुपा हुआ है, परंतु सम्पूर्ण विश्व में यह तथ्य स्थापित हो चुका है कि शून्य का आविष्कार भारत में ही हुआ। ऐसी भी कथाएँ प्रचलित हैं कि पहली बार शून्य का आविष्कार बाबिल में हुआ और दूसरी बार माया सभ्यता के लोगों ने इसका आविष्कार किया पर दोनो ही बार के आविष्कार संख्या प्रणाली को प्रभावित करने में असमर्थ रहे तथा विश्व के लोगों ने इन्हें भुला दिया। फिर भारत में हिंदुओं ने तीसरी बार शून्य का आविष्कार किया। हिंदुओं ने शून्य के विषय में कैसे जाना यह आज भी अनुत्तरित प्रश्न है। अधिकतम विद्वानों का मत है कि पांचवीं शताब्दी के मध्य में शून्य का आविष्कार किया गया। सर्वनन्दि नामक दिगम्बर जैन मुनि द्वारा मूल रूप से प्रकृत में रचित लोकविभाग नामक ग्रंथ में शून्य का उल्लेख सबसे पहले मिलता है। इस ग्रंथ में दशमलव संख्या पद्धति का भी उल्लेख है।

सन् 498 में भारतीय गणितज्ञ एवं खगोलवेत्ता आर्यभट्ट ने आर्यभटीय (संख्यास्थाननिरूपणम्) में कहा है–

एकं च दश च शतं च सहस्रं तु अयुतनियुते तथा प्रयुतम्।
कोट्यर्बुदं च वृन्दं स्थानात्स्थानं दशगुणं स्यात्।।2।।

अर्थात् "एक, दश, शत, सहस्र, अयुत, नियुत, प्रयुत, कोटि, अर्बुद तथा बृन्द में प्रत्येक पिछले स्थान वाले से अगले स्थान वाला दस गुना है।" और शायद यही संख्या के दशमलव सिद्धान्त का उद्‌गम रहा होगा। आर्यभट्ट द्वारा रचित गणितीय खगोलशास्त्र ग्रंथ 'आर्यभट्टीय' के संख्या प्रणाली में शून्य तथा उसके लिये विशिष्ट संकेत सम्मिलित था (इसी कारण से उन्हें संख्याओं को शब्दों में प्रदर्शित करने के अवसर मिला)।

उपरोक्त उद्धरणों से स्पष्ट है कि भारत में शून्य का प्रयोग ब्रह्मगुप्त के काल से भी पूर्व के काल में होता था।

शून्य तथा संख्या के दशमलव के सिद्धान्त का सर्वप्रथम अस्पष्ट प्रयोग ब्रह्मगुप्त रचित ग्रंथ ब्राह्मस्फुटसिद्धान्त में पाया गया है। इस ग्रंथ में ऋणात्मक संख्याओं (दमहंजपअम दनउइमते) और बीजगणितीय सिद्धान्तों का भी प्रयोग हुआ है। सातवीं शताब्दी, जो कि ब्रह्मगुप्त का काल था, शून्य से सम्बंधित विचार कम्बोडिया तक पहुँच चुके थे और दस्तावेजों से ज्ञात होता है कि बाद में ये कम्बोडिया से चीन तथा अन्य मुस्लिम संसार में फैल गये।

इस बार भारत में हिंदुओं के द्वारा आविष्कृत शून्य ने समस्त विश्व की संख्या प्रणाली को प्रभावित किया और संपूर्ण विश्व को जानकारी मिली। मध्य–पूर्व में स्थित अरब देशों ने भी शून्य को भारतीय विद्वानों से प्राप्त किया। अंततः बारहवीं शताब्दी में भारत का यह शून्य पश्चिम में यूरोप तक पहुँचा।

भारत का 'शून्य' अरब जगत में 'सिफर' (अर्थ – खाली) नाम से प्रचलित हुआ। फिर लैटिन, इटैलियन, फ्रेंच आदि से होते हुए इसे अंग्रेजी में 'जीरो' (zero) कहते हैं।

17
अनंत

अनंत (Infinity) का अर्थ होता है जिसका कोई अंत न हो। इसको ∝ से निरूपित करते हैं। यह गणित और दर्शन में एक कांसेप्ट है जो ऐसी राशि को कहते हैं जिसकी कोई सीमा न हो या अन्त न हो। भूतकाल में लोगों ने अनन्त के बारे में तरह–तरह के विचार व्यक्त किये हैं।

अनंत शब्द का अंग्रेजी पर्याय "इनफिनिटी" लैटिन भाषा के 'इन्' (अन्) और 'फिनिस' (अंत) की संधि है। यह शब्द उन राशियों के लिए प्रयुक्त किया जाता है जिनकी माप अथवा गणना उनके परिमित न रहने के कारण असंभव है। अपरिमित सरल रेखा की लंबाई सीमाविहीन और इसलिए अनंत होती है।

परिचय

गणितीय विश्लेषण में प्रचलित "अनंत" इस प्रकार व्यक्त किया गया है:

यदि y कोई चर है और f(y) कोई ल का फलन है और यदि अब चर y किसी संख्या k की ओर अग्रसर होता है तब f(y) इस प्रकार बढ़ता ही चला जाता है कि वह प्रत्येक दी हुई संख्या n से बड़ा हो जाता है और बड़ा ही बना रहता है चाहे n कितना भी बड़ा हो, तो कहा जाता है कि y=k के लिए f(y) की सीमा अनंत है।

भिन्नों की परिभाषा से स्पष्ट है कि भिन्न व/स वह संख्या है

जो स से गुणा करने पर गुणनफल व देती है। यदि व, स में से कोई भी शून्य न हो तो व/स एक अद्वितीय राशि का निरूपण करता है। फिर स्पष्ट है कि 0/स सदैव समान रहता है, चाहे स कोई भी सांत संख्या हो। इसे परिमेय (रैशनल) संख्याओं को शून्य कहा जाता है और गणनात्मक (कार्डिनल) संख्या 0 के समान है। विपरीततः, व/0 एक अर्थहीन पद है। इसे अनंत समझना भूल है। यदि क/य में क अचर रहता है और य घटता जाता है और क, य दोनों धनात्मक हैं, तो क/य का मान बढ़ता जाएगा। यदि य शून्य की ओर अग्रसर होता है तो अंततोगत्वा क/य किसी बड़ी से बड़ी संख्या से भी बड़ा हो जाएगा।

कैंटर (1845–1918) ने अनंत की समस्या को दूसरे ढंग से व्यक्त किया है। कैंटरीय संख्याएँ, जो अनंत और सांत के विपरीत होने के कारण कभी–कभी अतीत (ट्रैंसफाइनाइट) संख्याएँ कही जाती हैं, ज्यामिति और सीमासिद्धांत में प्रचलित अनंत की परिभाषा से भिन्न प्रकार की हैं। कैंटर ने लघुतम अतीत गणनात्मक संख्या (ट्रैंसफाइनाइट कार्डिनल नंबर) (एक, दो तीन इत्यादि कार्डिनल संख्याएँ हैं; प्रथम, द्वितीय, तृतीय इत्यादि आर्डिनल संख्याएँ हैं।) अ0 (अकार शून्य, अलिफ–जीरो) की व्याख्या प्राकृतिक संख्याओं 1, 2, 3... के संघ (सेट) की गणनात्मक संख्या से की है।

प्राचीन भारतीय ग्रन्थों में अनन्त

लगता है कि भारतीयों को अनन्त की संकल्पना वैदिक काल से ही थी। वे अनन्त के मूलभूत गुणों के परिचित थे तथा इसके लिये कैइ शब्दों का प्रयोग किया गया है, यथा – अनन्त, पूर्ण , अदिति, असंख्यत आदि। असंख्यत का उल्लेख यजुर्वेद में आया है।

ईशोपनिषद में यह आया है–

ऊँ पूर्णमदः पूर्णमिदं पूर्णात् पूर्णमुदच्यते।
पूर्णस्य पूर्णमादाय पूर्णमेवावशिष्यते।।
ऊँ शांतिः शांतिः शांतिः।।

ॐ वह (परब्रह्म) पूर्ण है और यह (कार्यब्रह्म) भी पूर्ण है; क्योंकि पूर्ण से पूर्ण की ही उत्पत्ति होती है। तथा (प्रलयकाल मे) पूर्ण (कार्यब्रह्म)– का पूर्णत्व लेकर (अपने मे लीन करके) पूर्ण (परब्रह्म) ही बच रहता है। त्रिविध ताप की शांति हो।

यहाँ 'पूर्णस्य पूर्णमादाय पूर्णमेवावशिष्यते' को यों समझा जाता है कि अनन्त से अनन्त घटाने पर भी अनन्त ही शेष रहता है।

18

पाइथागोरस प्रमेय

पाइथागोरस प्रमेय (या, **बौधायन प्रमेय**) यूक्लिडीय ज्यामिति में किसी त्रिभुज के तीनों भुजाओं के बीच एक सम्बन्ध बताने वाला प्रमेय है। इस प्रमेय को आमतौर पर एक समीकरण के रूप में निम्नलिखित तरीके से अभिव्यक्त किया जाता है–

जहाँ ब समकोण त्रिभुज के कर्ण की लंबाई है तथा a और b अन्य दो भुजाओं की लम्बाई है। पाइथागोरस यूनान के गणितज्ञ थे। परम्परानुसार उन्हें ही इस प्रमेय की खोज का श्रेय दिया जाता है, हालांकि यह माना जाने लगा है कि इस प्रमेय की जानकारी उनसे

ओक्सीरिंकस पेपिरस (P-Oxy- I 29) जो यूक्लिड का एलीमेंट्स का एक टुकड़ा दिखा रहा है

पूर्व तिथि की है। भारत के प्राचीन ग्रंथ बौधायन शुल्बसूत्र में यह प्रमेय दिया हुआ है। काफी प्रमाण है कि बेबीलोन के गणितज्ञों भी इस सिद्धांत को जानते थे। इसे 'बौधायन–पाइथागोरस प्रमेय' भी कहते हैं।

सूत्र के रूप में

अगर हम कर्ण की लंबाई को c और अन्य दो भुजाओं की लंबाई को a और b लेते हैं, तो प्रमेय को निम्नलिखित समीकरण के रूप में व्यक्त किया जा सकता है:

या,

यदि c पहले से दिया गया है और एक भुजा की लंबाई निकालना हो, तो निम्नलिखित समीकरण का उपयोग किया जा सकता है :

यह समीकरण त्रिकोण के तीनों भुजाओं के बीच एक सरल सम्बन्ध प्रदान करता है। इस प्रमेय का सामान्यीकरण कहलाता है जिसकी सहायता से किसी भी त्रिकोण के तीसरी भुजा की लम्बाई की गणना की जा सकती है यदि शेष दो भुजाओं की लंबाई और उनके बीच के कोण की माप दी गयी हो।

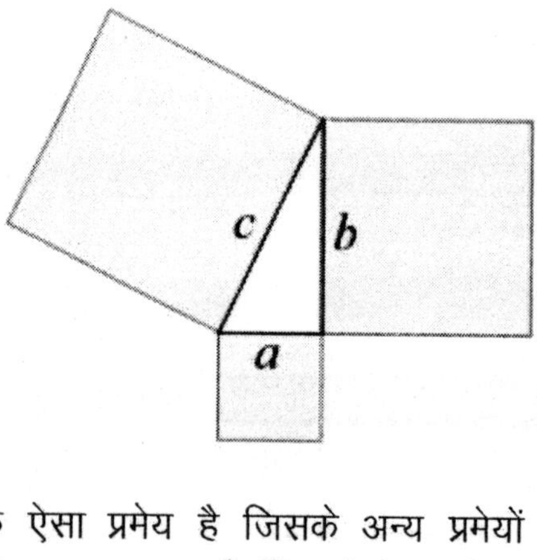

प्रमाण

यह एक ऐसा प्रमेय है जिसके अन्य प्रमेयों की तुलना में सम्भवतः सर्वाधिक प्रमाण ज्ञात हैं (द्विघाती पारस्परिकता का नियम भी

इस गौरव के लिए प्रतियोगी रह चुका है)। एलीशा स्कॉट लूमिस द्वारा रचित पायथागॉरियन थिअरम किताब में, 367 प्रमाण दिए गए हैं।

समरूप त्रिभुज के उपयोग से प्रमाण

बौधायन प्रमेय के अधिकांश प्रमाणों की तरह, यह दो समरूप त्रिभुजों की भुजाओं के समानुपाती होने के गुण पर आधारित है।

माना ABC एक समकोण त्रिभुज है, जिसमें कोण C समकोण है, जैसा आकृति में दिखाया गया है। हम C बिंदु से कर्ण पर लम्ब डालते हैं और भुजा AB के साथ उस लम्ब की लम्बाई H हैं। यह नया त्रिकोण ACH हमारे त्रिकोण ABC के समरूप है, क्योंकि उन दोनों में ही समकोण है (ऊंचाई की परिभाषा के द्वारा) और A कोण उनका हिस्सा है। इसका मतलब है की तीसरा कोण भी दोनों त्रिभुजों में समान है। इसी आधार पर त्रिभुज CBH भी ABC के समरूप है। इन समरूपताओं से हमें दो समानुपात प्राप्त होते हैं:

जैसे

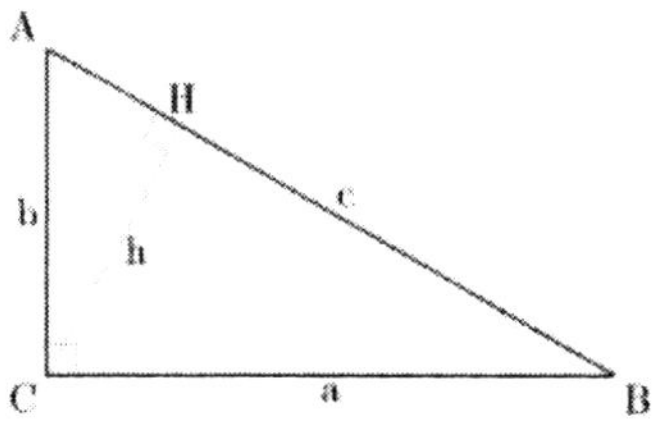

$$BC = a, AC = b, \text{ and } AB = c,$$

तथा

$$\frac{a}{c} = \frac{HB}{a} \text{ and } \frac{b}{c} = \frac{AH}{b}.$$

इन्हें ऐसे भी लिखा जा सकता है

$$a^2 = c \times HB \text{ and } b^2 = c \times AH.$$

इन दो समीकरणों का संक्षेप करने पर,

$$a^2 + b^2 = c \times HB + c \times AH = c \times (HB + AH) = c^2.$$

अन्य शब्दों में, बौधायन प्रमेय:

$$a^2 + b^2 = c^2.$$

यूक्लिड के प्रमाण

यूक्लिड के तत्वों में, पुस्तक 1 का प्रस्ताव 47, बौधायन प्रमेय निम्नलिखित लाइनों के साथ एक तर्क से साबित होता है। A, B, C को समकोण त्रिकोण के कोने मानते हैं, जिसमें समकोण A पर होगा। A से कर्ण के विपरीत एक अधोलंब छोडें वर्ग में कर्ण पर। वो रेखा कर्ण पर वर्ग को दो आयातों में विभाजित करती है, प्रत्येक का समान क्षेत्र है क्यूंकि दोनों में से एक पैरों में वर्ग बनता है।

औपचारिक प्रमाण के लिए, हमें चार प्राथमिक लेम्मटा की आवश्यकता है–

1. यदि दो त्रिकोण के दो पार्श्वों में से एक पार्श्व दूसरे के दो पार्श्वों के बराबर हो, प्रत्येक के लिए प्रत्येक और उन पार्श्वों द्वारा बना कोण बराबर हो, तो त्रिकोण अनुकूल हैं। (पार्श्व – कोण – पार्श्व प्रमेय)
2. एक त्रिकोण का क्षेत्रफल एक ही तल और ऊंचाई पर किसी भी समानांतर चतुर्भुज का आधा क्षेत्रफल है।
3. किसी भी वर्ग का क्षेत्रफल उसके दो पार्श्वों के उत्पाद के बराबर होता है।
4. किसी भी आयत का क्षेत्रफल उसके दो संलग्न पार्श्वों के

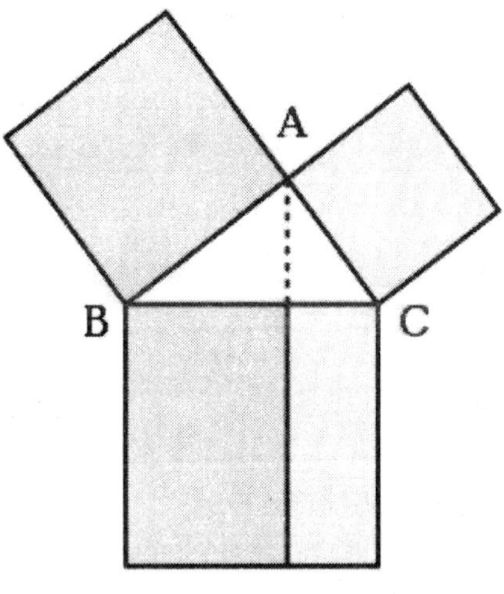

उत्पाद के बराबर होता है (लेम्मा 3 से पालन करती है)।

इस प्रमाण के पीछे सहज विचार, जो इसका पालन करना आसान बना सकता है, कि ऊपर के दो वर्गों को एक ही आकार के समानांतर चतुर्भुज में बदला गया है, फिर मोड़कर और बाएं और दाहिने आयत को निचले वर्ग में बदला गया है, फिर निरंतर क्षेत्र में।

प्रमाण निम्नानुसार है :

1. ACB को समकोण त्रिकोण मानते हैं जिसमें समकोण CAB है।
2. प्रत्येक पार्श्वों BC, AB और CA में, चौरस बनाया गया है, CBDE, BAGF, and ACIH इस क्रम में।
3. A से, BD और CE करने के लिए एक समानांतर रेखा बनाएँ. यह लंबरूप में BC और DE को K और L में क्रमशः, काटता है।
4. CF और AD को जोडें, BCF और BDA त्रिकोण बनाने के लिए।
5. कोण CAB और BAG दोनों समकोण हैं; इसलिए C, A और G एकरेखस्थ हैं। इसी प्रकार बी, के लिए एक और एच।
6. कोण CBD और FBA दोनों समकोण हैं; इसलिए कोण ABD कोण FBC के बराबर है, क्यूंकि दोनों एक समकोण और कोण एबीसी के जोड़ के बराबर हैं।
7. क्योंकि AB और BD, FB and बक के बराबर हैं, क्रमशः, ABD त्रिकोण FBC त्रिकोण के बराबर होना चाहिए।
8. क्यूंकि A, K और L के साथ एकरेखस्थ है, आयत BDLK का क्षेत्रफल ABD त्रिकोण से दुगना होना चाहिए।
9. क्यूंकि C, A और G के साथ एकरेखस्थ है, वर्ग BAGF का क्षेत्रफल FBC त्रिकोण से दुगना होना चाहिए।
10. इसलिए आयत BDLK का क्षेत्रफल वर्ग BAGF के बराबर होना चाहिए $= AB^2$।

11. इसी प्रकार, यह दिखाया जा सकता है की आयत चकले का क्षेत्रफल वर्ग ACIH के बराबर होना चाहिए= AC^2।
12. इन दो परिणामों को जोड़कर, $AB^2 + AC^2 = BD \times BK + KL \times KC$.
13. क्यूंकि BD = KL, $BD^* BK + KL \times KC = BD (BK + KC) = BD \times BC$
14. इसलिए एबी $AB^2 + AC^2 = BC^2$, क्यूंकि CBED एक वर्ग है।

यह प्रमाण यूक्लिड के तत्वों में प्रस्ताव 1.47 के रूप में पेश होता है।

गारफील्ड के प्रमाण

जेम्स ए. गारफील्ड (परवर्ती संयुक्त राज्य अमेरिका के राष्ट्रपति) को एक उपन्यास बीजीय प्रमाण द्वारा श्रेय दिया गया है :

पूरा समलम्ब (a+b) बाई (a+b) वर्ग का आधा है, तो उसका क्षेत्रफल = $(a+b)^2/2 = a^2/2 + b^2/2 + ab$.

त्रिकोण 1 और त्रिकोण 2 प्रत्येक क्षेत्रफल ab/2 है।

त्रिकोण 3 का क्षेत्रफल $c^2/2$ है और यह कर्ण पर वर्ग का आधा है।

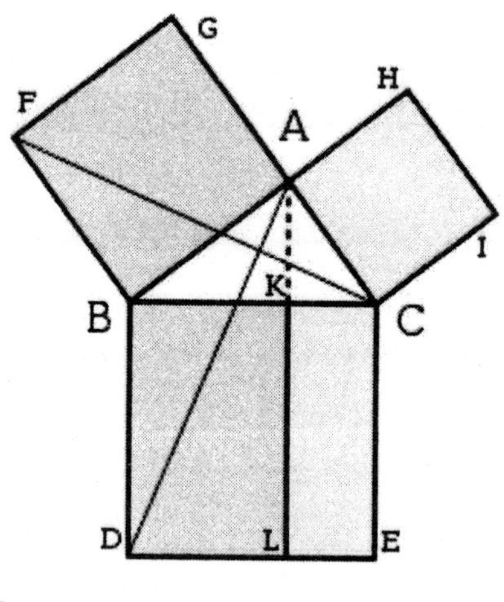

लेकिन त्रिकोण 3 का क्षेत्रफल भी = (समलम्ब का क्षेत्रफल) – (त्रिकोण 1 और 2 का क्षेत्रफल)

$= a^2/2 + b^2/2 + ab - ab/2 - ab/2$

$= a^2/2 + b^2/2$

= अन्य दो पार्श्वों के वर्गों के जोड़ का आधा है।

इसलिए कर्ण पर वर्ग = अन्य दो पार्श्वों के वर्गों का जोड़ है।

व्यवकलन द्वारा प्रमाण

इस प्रमाण में, कर्ण पर वर्ग प्लस त्रिकोण की 4 प्रतियां को अन्य दो पार्श्वों में वर्गों के रूप में जोड़ सकते हैं प्लस त्रिकोण की 4 प्रतियां। यह प्रमाण चीन से दर्ज की गई है।

समानता प्रमाण

ऊपर यूक्लिड के प्रमाण के चित्र से, हम तीन समान आंकड़ों को देख सकते हैं, प्रत्येक में "एक वर्ग के ऊपर त्रिकोण" है। क्यूंकि बड़ा त्रिकोण दो छोटे त्रिकोण से बना है, उसका क्षेत्रफल इन दो छोटे का जोड़ है। समानता से, तीन वर्ग एक दूसरे के साथ उसी अनुपात में हैं जैसे वह तीन त्रिकोण और इसी तरह के बड़े वर्ग का क्षेत्रफल दो छोटे वर्गों के क्षेत्रफल का जोड़ है।

विपर्यय से प्रमाण

विपर्यय से प्रमाण को चित्रण और एनीमेशन के द्वारा दिया गया है। इस उदाहरण में, हर एक बड़े वर्ग का क्षेत्रफल $(a + b)^2$ है। दोनों में, चरों समान त्रिकोण का क्षेत्रफल हटा दिया गया है। शेष क्षेत्रों, $a^2 + b^2$ और c^2, बराबर हैं। Q.E.D

यह प्रमाण वास्तव में बहुत आसान है, लेकिन यह प्रारंभिक नहीं है, इस अर्थ में कि यह केवल सबसे बुनियादी सिद्धांत और युक्लीडियन ज्यामिति के प्रमेयों पर निर्भर नहीं है। विशेष रूप से, जब त्रिकोण और वर्गों के क्षेत्रफल का सूत्र देना बहुत आसान है, यह साबित करने के

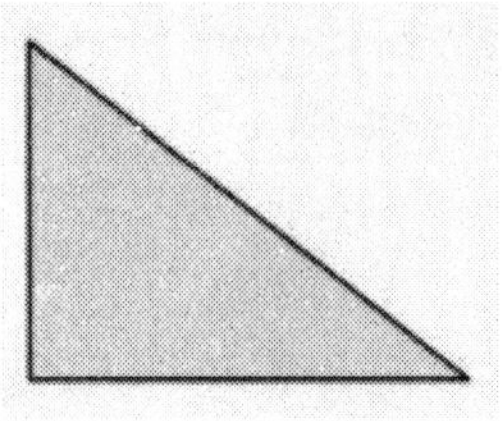

एनिमेशन द्वारा विपर्यय से एक और प्रमाण दिखाया

विपर्यय का उपयोग करके प्रमाण

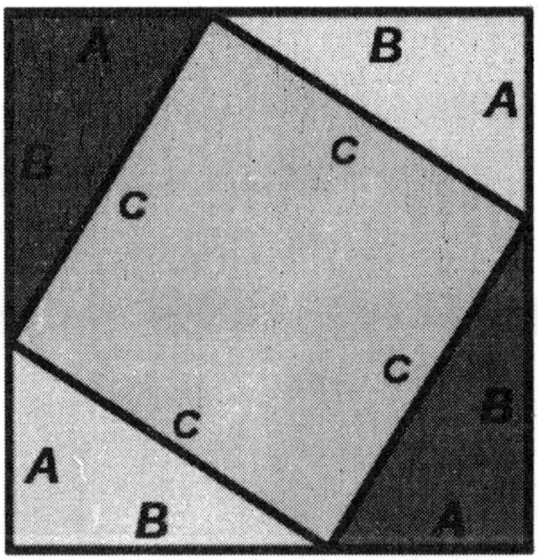

बीजीय प्रमाण : एक वर्ग जो चार समकोण त्रिकोण और एक बड़े वर्ग को श्रेणीबद्ध करके निर्मित किया है

लिए आसान नहीं है कि एक वर्ग का क्षेत्रफल उसके टुकडों के क्षेत्रों का जोड़ है। वास्तव में, आवश्यक गुण साबित करना पायथागॉरियन प्रमेय सिद्ध करने की तुलना में कठिन है (लेबेस्गु उपाय और बनाच--टार्स्कि विरोधाभास देखें)। वास्तव में, यह कठिनाई सभी साधारण क्षेत्र शामिल युक्लीडियन प्रमाण को प्रभावित करता है; उदाहरण के लिए, एक समकोण त्रिकोण का क्षेत्र पाने के लिए एक धारणा शामिल है कि यह एक ही ऊंचाई और तल के एक आयत का आधा क्षेत्र है। इसी कारण से, ज्यामिति के लिए स्वयंसिद्ध परिचय आम तौर पर त्रिकोण की समानता के आधार पर एक और प्रमाण का प्रयोग करता है।

इस पायथागॉरियन प्रमेय का तीसरा ग्राफिक चित्रण में (दाहिने में पीले और नीले रंग में) कर्ण का वर्ग पार्श्वों के वर्ग में फिट बैठता है। एक संबंधित प्रमाण यह दिखा सकता है की पुनः स्थापित भाग मूल के समान हैं और, क्यूंकि समान का जोड़ समान है, की उनके क्षेत्र भी समान हैं। यह दिखाने के लिए की एक वर्ग ही परिणाम है, हमे नए पार्श्वों की लंबाई को ब के बराबर दिखाना पड़ेगा। ध्यान दें की इस प्रमाण के काम करने के लिए, हमे छोटे वर्ग को और अधिक हिस्सों में काटने के तरीके को संभालने के लिए रास्ता प्रदान करना होगा चूंकि पार्श्व और छोटे होते जाएँगे

बीजीय प्रमाण

इस प्रमाण का बीजीय भिन्नरूप निम्न तर्क द्वारा प्रदान किया गया है। चित्रण को देखते हुए जो एक बड़ा वर्ग है जिसके कोनों में

$$\frac{1}{2}AB.$$

इस त्रिकोण के A-पार्श्व कोण और B-पार्श्व कोण अनुपूरक कोण हैं, अतः क्षेत्र के प्रत्येक कोण समकोण है. इस क्षेत्र को एक वर्ग बनाते हुए जिसके पार्श्व की लंबाई C है। इस वर्ग का क्षेत्रफल है C2 इस तरह समस्त का क्षेत्र दिया जाता है

$$4\left(\frac{1}{2}AB\right)+C^2.$$

हालांकि, बड़े वर्ग के पार्श्वों की लंबाई A + B[7]. हम उसके क्षेत्रफल की गणना कर सकते हैं जैसे $(A+B)^2$[3], जो $A^2+2AB+B^2$[3] में विस्तारित होता है।

$$A^2+2AB+B^2=4\left(\frac{1}{2}AB\right)+C^2.$$

$$\text{(4 का वितरण)}\ A^2+2AB+B^2=2AB+C^2$$

$$\text{(2AB का व्यवकलन)}\ A^2+B^2=C^2$$

समान समकोण त्रिकोण है, इन चार त्रिकोण में प्रत्येक का क्षेत्र ε के साथ एक कोण के द्वारा दिया गया है।

विभेदक समीकरणों द्वारा प्रमाण

बौधायन प्रमेय में पहुंचा जा सकता है निम्नलिखित चित्र के अध्ययन से की एक पार्श्व में परिवर्तन कैसे कर्ण में एक परिवर्तन के उत्पादन कर सकता है और एक थोडा कलन का उपयोग करके।

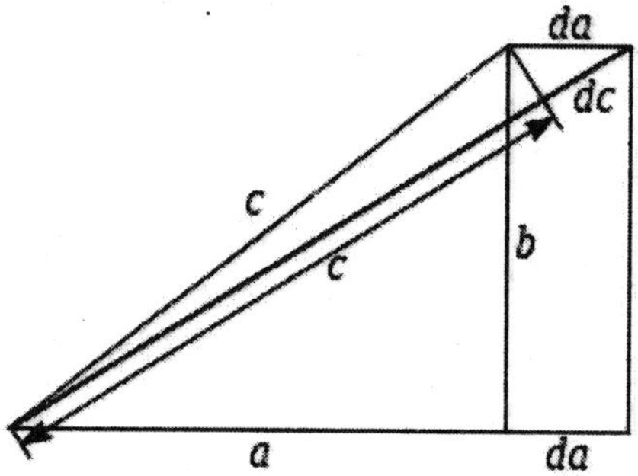

विभेदक समीकरण का उपयोग करके प्रमाण

पार्श्व a के da में परिवर्तन के परिणाम स्वरुप, त्रिकोण की समानता और अंतर में बदलाव के लिए। इसलिए चर के वियोजन पर।

पार्श्व b में परिवर्तन के लिए एक दूसरा कार्यकाल जोड़ने का परिणाम है।

समेकित देता है

जब a = 0 तब c = b, तो b^2 "निरंतर" है। इसलिए जैसे देखा जा सकता है, परिवर्तन और पार्श्वों के बीच विशेष अनुपात के कारण है यह वर्ग जबकि पार्श्वों में परिवर्तन की स्वतंत्र योगदान का परिणाम राशि है जो ज्यामितीय साक्ष्यों से स्पष्ट नहीं है। इस दिए गए अनुपात से यह दिखाया जा सकता है की पार्श्वों में परिवर्तन पार्श्वों से प्रतीपानुपाती अनुपात हैं। इस विभेदक समीकरण सुझाव देता है की यह प्रमेय संबंधित परिवर्तन के कारण है और इसके व्युत्पत्ति

लगभग लाइन अभिन्न अभिकलन के समान है।

यह मात्रा da और dc क्रमशः a और c में अत्यंत छोटे परिवर्तन हैं। लेकिन हम इसके बदले वास्तविक संख्या Δa and Δc का उपयोग करते हैं, तब उनके अनुपात की सीमा da/dc है जब उनका आकार शून्य निकटता, व्युत्पन्नी और c/a भी निकटता है, त्रिकोण के पार्श्वों की लंबाई का अनुपात और विभेदक समीकरण का परिणाम पता चलता है।

विपर्याय

इस प्रमेय का विपर्याय भी सच है:

किसी भी तीन धनात्मक संख्या a, b और c ऐसी है $a^2 + b^2 = c^2$(10), वहाँ एक त्रिकोण मौजूद है जिसके पार्श्व हैं a, b और c और हर ऐसे त्रिकोण में पार्श्वों के भीच एक समकोण है जिनकी लम्बाई a और b है।

यह विपर्याय यूक्लिड के तत्वों में मौजूद होता है।कोसाइन की विधि का प्रयोग करके यह साबित किया जा सकता है (नीचे देखें सामान्यकरण के नीचे), या निम्नलिखित प्रमाण के द्वारा:

ABC को एक त्रिकोण मानते हैं जिसके पार्श्वों की लम्बाई a, b और c है, $a^2 + b^2 = c^2$ के साथ। हमें यह साबित करना है कि a और b पार्श्वों के बीच के कोण समकोण है। हम एक और त्रिकोण का निर्माण करते हैं जिसमें पार्श्वों के बीच एक समकोण है जिसकी लंबाई a और b है। पायथागॉरियन प्रमेय से, निम्नानुसार है कि इस त्रिकोण के कर्ण लंबाई भी c है। चूंकि दोनों त्रिकोण के पार्श्वों की एक ही लंबाई है a, b और c, वे अनुकूल हैं और इसलिए उनका एक ही कोण होना चाहिए। इसलिए, जिन पार्श्वों की लंबाई a और b है हमारे मूल त्रिकोण में उनके बीच का कोण एक समकोण है।

पायथागॉरियन प्रमेय के विपर्याय का एक अनुमान है की निर्धारण करने का एक सरल तरीका है की यदि एक त्रिकोण समकोण, ओब्ट्युस, या अक्यूट है, इस प्रकार से। जहाँ c को तीनों

पार्श्वों में लंबा चुना गया हैः

- अगर $a^2 + b^2 = c^2$, तो त्रिकोण समकोण है।
- अगर $a^2 + b^2 > c^2$, तो त्रिकोण ओब्ट्युस है।
- अगर $a^2 + b^2 < c^2$, तो त्रिकोण अक्यूट है।

इस प्रमेय परिणाम और उपयोग

पायथागॉरियन ट्रिपल

एक पायथागॉरियन ट्रिपल में तीन सकारात्मक पूर्णांक हैं a, b और c, जैसे की $a^2 + b^2 = c^2$।अन्य शब्दों में, एक पायथागॉरियन ट्रिपल एक समकोण के पार्श्वों की लंबाई का वर्णन करता है जहाँ तीनों पार्श्व की पूर्णांक लंबाई है। उत्तरी यूरोप के बड़े पत्थरों से बने स्मारकों से साक्ष्य यह दिखाते हैं कि ऐसे ट्रिपल लिखने की खोज से पहले से जाने जानते थे। इस तरह के ट्रिपल सामान्यतः से लिखे गए हैं (a, b, c)। कुछ प्रसिद्ध उदाहरण हैं (3, 4, 5) और (5, 12, 13)

आदिम पायथागॉरियन के ट्रिपल की 100 तक की सूची

(3, 4, 5), (5, 12, 13), (6,8,10) (7, 24, 25), (8, 15, 17), (9, 40, 41), (11, 60, 61), (12, 35, 37), (13, 84, 85), (16, 63, 65), (20, 21, 29), (28, 45, 53), (33, 56, 65), (36, 77, 85), (39, 80, 89), (48, 55, 73), (65, 72, 97)

तर्कहीन संख्या का अस्तित्व

पायथागॉरियन प्रमेय के परिणामों में से एक है कि तारतम्यहीन लंबाई (ie. उनके अनुपात तर्कहीन संख्या में है), जैसे की 2 का वर्गमूल, बनाया जा सकता है। एक समकोण जिसके पैर दोनों एक इकाई के बराबर हैं उसके कर्ण की लंबाई 2 का वर्गमूल है। यह प्रमाण कि 2 का वर्गमूल तर्कहीन है लंबे समय से आयोजित विश्वास के विपरीत था कि सब कुछ तर्कसंगत था। पौराणिक कथा के अनुसार, हिप्पासुस, जिसने दो के वर्गमूल की तर्कशून्यता सबसे पहले

साबित करी थी, उसे परिणाम के रूप में समुद्र में डूब गया था।

कार्टीज़ियन निर्देशांक में दूरस्थ

कार्टीज़ियन निर्देशांक में दूरस्थ फार्मूला को पायथागॉरियन प्रमेय से से प्राप्त किया गया है। अगर (x0, y0) और (x1, y1) चौरस में अंक हैं, तो उनके बीच की दूरी, जिसे युक्लीडियन दूरी भी कहा जाता है, जो दिया जाता है

$$\sqrt{(x_1 - x_0)^2 + (y_1 - y_0)^2}.$$

अतिरिक्त सामान्यतः से, युक्लीडियन में द–अन्तर, दो बिन्दुओं के बीच की युक्लीडियन दूरी, पायथागॉरियन प्रमेय का उपयोग करते हुए, परिभाषित किया गया हैः

$$\sqrt{(a_1 - b_1)^2 + (a_2 - b_2)^2 + \cdots + (a_n - b_n)^2} = \sqrt{\sum_{i=1}^{n} (a_i - b_i)^2}.$$

सामान्यकरण

यूक्लिड के तत्वों में बौधायन प्रमेय को सामान्यकृत किया गया था–

अगर कोई एक समान आंकड़े खड़ा करता है (युक्लीडियन ज्यामिति देखें) एक समकोण त्रिकोण के पार्श्वों में, तो दो छोटों के क्षेत्रों का जोड़ बड़े के क्षेत्रफल के बराबर है।

बौधायन प्रमेय, पार्श्वों की लंबाई से संबंधित अधिक सामान्य प्रमेय का एक विशेष केस है, कोसाइन की विधिः

$$a^2 + b^2 - 2ab\cos\theta = c^2,$$

जहां θ पार्श्वों a और b के बीच का कोण है।

जब θ 90 डिग्री हो, तो Cos(θ) = 0, तो फार्मूला सामान्य बौधायन प्रमेय में बन जाता है।

इस जटिल आंतरिक उत्पाद अंतरिक्ष में दो वेक्टर v और w दिया जाए, तो बौधायन प्रमेय निम्नलिखित रूप ले लेती है:

$$\|\mathbf{v} + \mathbf{w}\|^2 = \|\mathbf{v}\|^2 + \|\mathbf{w}\|^2 + 2\,\mathrm{Re}\,\langle \mathbf{v}, \mathbf{w} \rangle.$$

विशेष रूप से $\|v + w\|^2 = \|v\|^2 + \|w\|^2$ अगर v और w आयतीय हैं, हालांकि विपर्याय का सच होना जरूरी नहीं है।

गणितीय प्रेरण का प्रयोग करके, पिछला परिणाम किसी परिमित संख्या के जोडों में आयतीय वेक्टर तक बढ़ाया जा सकता है। के किसी भी परिमित संख्या को बढ़ाया जा सकता है। $v_1, v_2, \ldots, v_n$ को वेक्टर मानते हैं एक आंतरिक उत्पाद अंतरिक्ष में जिसमें $<v_i, vj> = 0$ जब $1 \leq i < j \leq n$। तब इस अनंत–आयामी को असली आंतरिक

$$\left\| \sum_{k=1}^{n} \mathbf{v}_k \right\|^2 = \sum_{k=1}^{n} \|\mathbf{v}_k\|^2.$$

उत्पाद स्थान के परिणाम के सामान्यकरण को पार्सेवल की पहचान के रूप में जाना जाता है।

जब ऊपर के प्रमेय वेक्टर के बारे में ठोस ज्यामिति में पुनः लिखा जाता है, तो यह निम्नलिखित प्रमेय बन जाता है। यदि AB और BC रेखाएं B में समकोण बनाते हैं, BC और कद रेखाएं C में समकोण बनाते हैं और अगर CD अधोलंब के अधोलंब है जिसमें AB और BC रेखाएं शामिल है, तो AB, BC और CD की लम्बाई के वर्ग का जोड़ AD के वर्ग के जोड़ के बराबर है। यह प्रमाण तुच्छ है।

तीन आयामों के लिए बौधायन प्रमेय का एक अन्य सामान्यकरण डी गुआ का प्रमेय है, जो जीन पॉल डी गुआ डे माल्व्स के नाम पर रखा गया हैः यदि एक टेट्राहेड्रोन में एक समकोण कोन है (एक घन की तरह एक कोने), तो वर्ग का क्षेत्रफल जो समकोण कोने के विपरीत तरफ है वो अन्य तीन तरफ के क्षेत्रों के जोड़े के बराबर है।

चार और अधिक आयामों में इन प्रमेयों के अनुरूप भी हैं।

जिन त्रिकोण में तीन अक्युट कोण होते हैं, $\alpha + \beta > y$ होता है। इसलिए, $a^2 + b^2 > c^2$ होता है।

जिन त्रिकोण में एक ओब्ट्युस कोण होता है, $\alpha + \beta < y$ होता है। इसलिए, $a^2 + b^2 < c^2$ होता है।

एड्स्जर डिजक्स्त्रा ने इस प्रस्ताव को अक्युट, समकोण और ओब्ट्युस त्रिकोण के बारे में इस भाषा में कहा हैः

$$\text{sgn}\,(\alpha + \beta - y) = \text{sgn}\,(a^2 + b^2 - c^2)$$

जहाँ कोण α पार्श्व a के विपरीत है, कोण β पार्श्व b के विपरीत है और कोण y पार्श्व c के विपरीत है।

बिना युक्लीडियन ज्यामिति के पायथागॉरियन प्रमेय

युक्लीडियन ज्यामिति के सिद्धांत से पायथागॉरियन प्रमेय से प्राप्त हुआ है, वास्तव में, ऊपर बताए पायथागॉरियन प्रमेय का युक्लीडियन प्रकार बिना युक्लीडियन ज्यामिति के नहीं होता है। (यह वास्तव में यूक्लिड के समांतर (पांचवां) स्वसिद्ध के बराबर दिखाया गया है।) उदाहरण के लिए, गोलीय ज्यामिति में, ओक्टेट से सीमित इकाई क्षेत्र के समकोण त्रिकोण के तीनों पार्श्वों की लंबाई के बराबर है; युक्लीडियन पायथागॉरियन प्रमेय का उल्लंघन करती है क्यूंकि इसका मतलब है की बिना युक्लीडियन प्रमेय में, पायथागॉरियन प्रमेय को युक्लीडियन प्रमेय से एक अलग रूप लेना चाहिए.यहाँ दो मामलों पर विचार करना पड़ेगा– गोलाकार ज्यामिति और अतिशयोक्तिपूर्ण समतल ज्यामिति हैं; हर मामले में, युक्लीडियन मामले की तरह, उचित कोसाइन के नियम से परिणाम निकलता है–

एक गोला जिसकी त्रिज्या R है उसपर कोई भी समकोण त्रिकोण के लिए, पायथागॉरियन प्रमेय यह रूप लेता है।

$$\cos\left(\frac{c}{R}\right) = \cos\left(\frac{a}{R}\right) \cos\left(\frac{b}{R}\right)$$

यह समीकरण कोसाइन के गोलाकार कानून का एक विशेष मामले के रूप में प्राप्त किया जा सकता है। इस कोसाइन समारोह के लिए मैकलौरिन श्रृंखला का उपयोग करके, यह दिखाया जा सकता है कि त्रिज्या त्अनन्तता तक पहुंचता है, के रूप में है, पायथागॉरियन प्रमेय का गोलाकार रूप युक्लीडियन रूप तक पहुंचता है।

इस अतिशयोक्तिपूर्ण समतल में किसी भी त्रिकोण के लिए (गौस्सियन वक्रता –1 के साथ), पायथागॉरियन प्रमेय यह रूप लेता है।

$\cosh c = \cosh a \cosh b$

जहाँ cosh के अतिशयोक्तिपूर्ण कोसाइन है।

इस प्रकार्य के लिए मैकलौरिन श्रृंखला का उपयोग करके, यह दिखाया जा सकता है कि जिस तरह अतिशयोक्तिपूर्ण त्रिकोण बहुत छोटी हो जात है (अर्थात जब a, b और c शून्य निकटते हैं), पायथागॉरियन प्रमेय का अतिशयोक्तिपूर्ण रूप युक्लीडियन रूप को निकटता है।

अतिशयोक्तिपूर्ण ज्यामिति में, एक समकोण त्रिकोण के लिए भी लिखा जा सकता है,

2 से अधिक आयामों में

3 आयामों में अंक { and { के बीच की दूरी $\sqrt{([\sqrt{((a-d)^2+(b-e)^2)}]^2+(c-f)^2)} = \sqrt{((a-d)^2+(b-d)^2+(c-f)^2)}$ है और इसी प्रकार 4 या अधिक आयामों के लिए।

जटिल अंकगणितीय में: मान्य नहीं

पायथागॉरस फार्मूला को कार्टीज़इयन निर्देशांक समतल में दो अंकों के बीच की दूरी पता करने के लिए प्रयोग किया जाता है और मान्य है अगर सब निर्देशांक असली हैं: अंक {2+(b-d)2)। लेकिन जटिल निर्देशांक के साथ: उदाहरण, अंक { और {i,0} के बीच की दूरी शून्य बनेगी, जिसका परिणाम है रिडाक्शियो एड़ अब्सुर्डम। यह इसलिए है क्योंकि यह फार्मूला पायथागॉरस की प्रमेय पर निर्भर है, जो अपने हस प्रमाण में क्षेत्रफल पर निर्भर है और क्षेत्रफल त्रिकोण पर निर्भर है और अन्य ज्यामितीय आंकडों पर जो अंदर को बहार से अलग करती है, जो मुमकिन नहीं होता अगर निर्देशांक जटिल होते।

इतिहास

इस प्रमेय का इतिहास चार भागों में बाँटा जा सकता है: पायथागॉरियन ट्रिपल का ज्ञान, समकोण त्रिकोण पार्श्वों के बीच के

रिश्ते का ज्ञान, आसन्न कोण के बीच संबंधों के ज्ञान और प्रमेय के प्रमाण.

मिस्र में बड़े पत्थरों का बना स्मारक लगभग 2500 BC से और उत्तरी यूरोप में, पूर्णांक पार्श्वों के समकोण त्रिकोण शामिल हैं। बार्टेल लीनडर्ट वॉन ड़र वार्डेन का अनुमान है की यह पायथागॉरियन ट्रिपल की खोज बीजीय से हुई है।

2000 और 1786 BC के बीच लिखा गया, मिस्र की मध्यम किंगडम पापिरुस बर्लिन 6619 में एक समस्या शामिल है जिसका समाधान एक पायथागॉरियन ट्रिपल है।

मेसोपोटामिया के नोटबुक प्लिम्प्टन 322, 1790 और 1750 BC में महान हाम्मुरबी के शासनकाल के दौरान लिखा गया था, जिसमें कई प्रविष्टियों शामिल हैं जो पायथागॉरियन ट्रिपल के निकटता से संबंधित।

बौधयानासुल्बा सूत्र, जिसकी विभिन्न तारीक 8 वीं शताब्दी BC और 2 वीं शताब्दी BC के बीच दिए गए हैं, भारत में, जिसमें पायथागॉरियन ट्रिपल की एक सूची शामिल है जिसकी खोज बीजीय से हुई है, पायथागॉरियन प्रमेय का एक बयान और एक समद्विबाहु समकोण त्रिकोण के लिए पायथागॉरियन प्रमेय का ज्यामितिक प्रमाण है।

अपास्ताम्बा सुल्बा सूत्र (लगभग 600 BC) में सामान्य पायथागॉरियन प्रमेय की संख्यात्मक प्रमाण शामिल हैं, एक क्षेत्र संगणना के उपयोग से.वॉन ड़र वार्डेन का विश्वास है "यह निश्चित रूप से पहले के परंपराओं पर आधारित थी"। अल्बर्ट बुर्क के अनुसार, यह प्रमेय का मूल प्रमाण है; उसने आगे प्रमेय किया की पायथागॉरस ने आराकोनम का दौरा किया, भारत और उसकी नकल करी।

पायथागॉरस ने, जिसकी तारीखें सामान्यत: 569–475 BC दी गई है, पायथागॉरियन ट्रिपल के निर्माण के लिए बीजीय तरीके का इस्तेमाल करके, यूक्लिड में प्रोक्लोस की कमेंट्री के अनुसार। प्रोक्लोस ने, तथापि, 410 और 485 AD के बीच लिखा था। सर थॉमस एल.

हीथ के अनुसार, पायथागॉरस को प्रमेय का कोई रोपण नहीं था पाँच सदियों तक पायथागॉरस के जीवित रहने तक। हालांकि, जब प्लूटार्च और सिसेरौ जैसे लेखकों ने पायथागॉरस को प्रमेय ठहराया, उन्होंने इस तरह से किया जो कि रोपण व्यापक रूप से जाना जाए और निस्संदेह रहे।

400 BC के दौरान, प्रोक्लोस के अनुसार, प्लेटो ने पायथागॉरियन ट्रिपल को खोजने की एक विधि दी जिसे बीजगणित और ज्यामिति संघटित हुआ। लगभग 300 BC, यूक्लिड के "तत्वों" में, प्रमेय का सबसे पुराना वर्तमान सिद्धांतों वाला प्रमाण पेश किया गया था।

कुछ समय 500 BC और 200 AD के बीच लिखा गया था, चीनी पाठ चौ पी सुअन चिंग, (ग्नोमोन के अंकगणितीय शास्त्रीय और स्वर्ग का परिपत्र रास्ता) पायथागॉरियन प्रमेय का एक दृश्य प्रमाण देता है – चीन में इसे "गौगु प्रमेय" कहा जाता है–त्रिकोण (3, 4, 5) के लिए। हान राजवंश के दौरान, 202 BC से 220 AD तक, पायथागॉरियन ट्रिपल को गणितीय कला के नौवें अध्याय में देखा गया है, समकोण त्रिकोण के एक उल्लेख के साथ।

चीन में पहला रिकॉर्ड किया गया उपयोग है, जो "गौगु प्रमेय" के नाम से जाना जाता है, भारत में भास्कर प्रमेय के नाम से जाना जाता है।

काफी बहस है की क्या पायथागॉरियन प्रमेय की खोज एक या कई बार हुई थी। बोयर (1991) का सोचना है की शुल्बा सूत्र में पाए गए तत्व मेसोपोटामिया व्युत्पत्ति के हो सकते हैं।

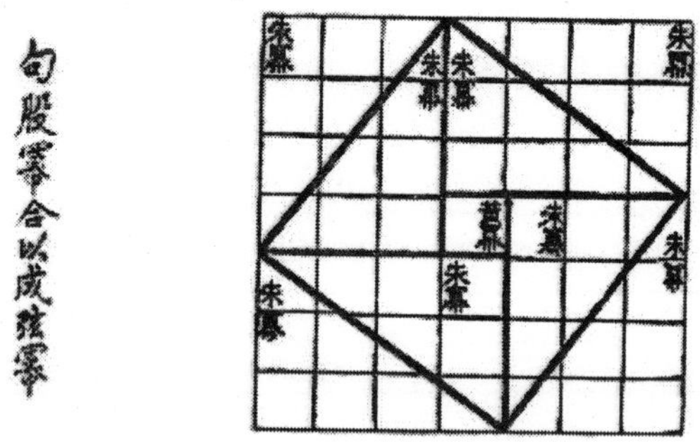

19
आदर्श जादुई वर्ग

कोई n श्रेणी का वर्ग जिसमें शून्य से $n^2 - 1$ की संख्याएं होती हैं और दो अन्य अतिरिक्त गुण होते हों, **आदर्शतम जादूई वर्ग** कहलाता है। दो अतिरिक्त गुणों में:

1. प्रत्येक 2×2 उप–वर्ग का जमा 2s हो, जहां $s = n^2 + 1$ हो।
2. इंटीजर्स के सभी जोड़े n/2 की प्रधान डायगोनल पर जमा करने पर s आये।

एक आदर्श जादूई वर्ग पार्श्वनाथ मन्दिर, खजुराहो में अंकित है।

अनुक्रम

- 1 उदाहरण
- 2 गुण
- 3 सन्दर्भ
- 4 बाहरी कड़ियाँ

उदाहरण

दो 12 × 12 आदर्श जादूई वर्ग निम्न के प्रत्येक घटक में 1 जोड़ने पर मिलेंगे–

(,1) (,2) (,3) (,4) (,5) (,6) (,7) (,8) (,9) (,10) (,11) (,12)

(1,) 64 92 81 94 48 77 67 63 50 61 83 78

(2,) 31 99 14 97 47 114 28 128 45 130 12 113

(3,) 24 132 41 134 8 117 27 103 10 101 43 118

(4,) 23 107 6 105 39 122 20 136 37 138 4 121

(5,) 16 140 33 142 0 125 19 111 2 109 35 126
(6,) 75 55 58 53 91 70 72 84 89 86 56 69
(7,) 76 80 93 82 60 65 79 51 62 49 95 66
(8,) 115 15 98 13 131 30 112 44 129 46 96 29
(9,) 116 40 133 42 100 25 119 11 102 9 135 26
(10,) 123 7 106 5 139 22 120 36 137 38 104 21
(11,) 124 32 141 34 108 17 127 3 110 1 143 18
(12,) 71 59 54 57 87 74 68 88 85 90 52 73
(,1) (,2) (,3) (,4) (,5) (,6) (,7) (,8) (,9) (,10) (,11) (,12)
(1,) 4 113 14 131 3 121 31 138 21 120 32 130
(2,) 136 33 126 15 137 25 109 8 119 26 108 16
(3,) 73 44 83 62 72 52 100 69 90 51 101 61
(4,) 64 105 54 87 65 97 37 80 47 98 36 88
(5,) 1 116 11 134 0 124 28 141 18 123 29 133
(6,) 103 66 93 48 104 58 76 41 86 59 75 49
(7,) 112 5 122 23 111 13 139 30 129 12 140 22
(8,) 34 135 24 117 35 127 7 110 17 128 6 118
(9,) 43 74 53 92 42 82 70 99 60 81 71 91
(10,) 106 63 96 45 107 55 79 38 89 56 78 46
(11,) 115 2 125 20 114 10 142 27 132 9 143 19
(12,) 67 102 57 84 68 94 40 77 50 95 39 85

गुण

सभी आदर्श जादूई वर्ग पैन–मैजिक वर्ग होते हैं।

- पहली श्रेणी के वर्ग को छोड़कर सभी आदर्श जादूई वर्ग 4n श्रेणी के वर्ग होते हैं।
- n = 36 के लिए, लगभग 2.7 × 1044 पूर्णतया भिन्न आदर्श जादूई वर्ग होते हैं।

20

चक्रवाल विधि

चक्रवाल विधि अनिर्धार्य वर्ग समीकरणों (indeterminate quadratic equations) को हल करने की चक्रीय विधि है। इसके द्वारा पेल के समीकरण का भी हल निकल जाता है। इसके आविष्कार का श्रेय प्राय भास्कर द्वितीय को दिया जाता है किन्तु कुछ लोग इसका श्रेय जयदेव (950 ~ 1000 ई) को भी देते हैं।

इस विधि का नाम 'चक्रवाल' (चक्र की तरह वलयिय (भ्रमण)) इसलिए पड़ा है क्योंकि इसमें कुट्टक से गुण लब्धि के बाद पुनः वर्गप्रकृति और पुनः कुट्टक किया जाता है।

628 ई में ब्रह्मगुप्त ने (यहाँ N एक पूर्णांक है किन्तु पूर्णवर्ग नहीं है।)

x और y के सबसे छोटे पूर्णांकों के लिए इसका हल निकाला था। वे N के कुछ ही मानों के लिये इसका हल निकाल सके, सभी के लिये नहीं।

जयदेव (गणितज्ञ) और भास्कर (12वीं शताब्दी) ने चक्रवाल विधि का उपयोग करते हुए इस समीकरण का सबसे पहले हल प्रस्तुत किया था। उन्होने निम्नलिखित समीकरण का हल दिया है–

उनके द्वारा निम्नलिखित हल दिया गया है–

यह समस्या बहुट कठिन समस्या है क्योंकि x और y के मान बहुत बड़े आते हैं। इसकी कठिनाई का अनुमान इससे ही लगाया जा सकता है कि यूरोप में इसका हल विलियम ब्राउंकर (William

Brouncker) ने 1657–58 में जाकर निकाला था।

अपने बीजगणित नामक ग्रन्थ में भास्कराचार्य ने चक्रवाल विधि का वर्णन इस प्रकार किया है–

ह्रस्वज्येष्ठपदक्षेपान् भाज्यप्रक्षेपभाजकान्।
कृत्वा कल्प्यो गुणस्तत्र तथा प्रकृतितश्च्युते।।
गुणलब्धिः पदं ह्रस्वं ततो ज्येष्ठतमोऽसकृत्।
त्यक्त्वा पूर्वपदक्षेपांश्चक्रवालमिदं जगुः।।
चतुर्द्वेकयुतावेवमभिन्ने भवतः पदे।
चतुर्द्विक्षेपमूलाभ्यां रूपक्षेपार्थभावना।।

21

ज्या

गणित में ज्या (Sine), एक त्रिकोणमितीय फलन का नाम है। समकोण त्रिभुज में समकोण के अलावा एक कोण x है तो,

ज्या (x) = कोण x के सामने की भुजा की माप/कर्ण की माप

sin a = a/c (पार्श्व चित्र देखें)

उदाहरण के लिये, यदि कोण का मान डिग्री में हो तो,

ज्या (0) = 0, ज्या (30) = 1/2, ज्या (90) = 1

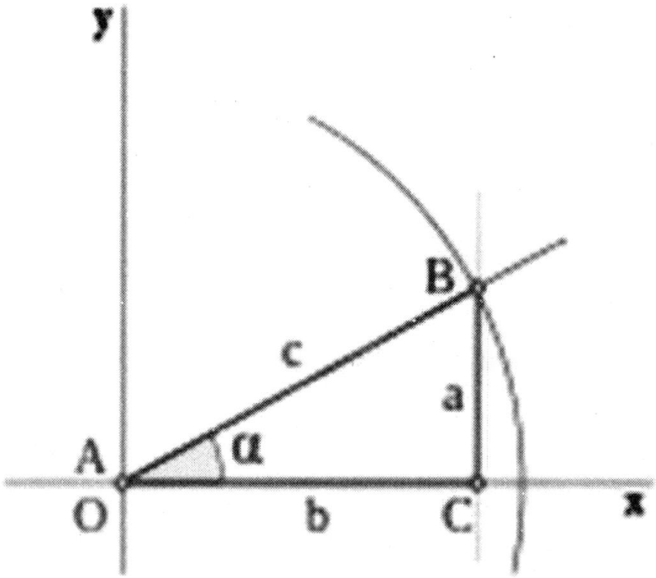

समकोण त्रिभुज में किसी कोण की ज्या उस कोण के सामने की भुजा और कर्ण के अनुपात के बराबर होती है।

'ज्या' शब्द भारत से उत्पन्न हुआ और अरब होते हुए यूरोप पहुँचा। इस क्रम में ज्या से अपभ्रंश होकर 'साइन' बन गया। भारत के अनेकों प्राचीन गणितज्ञों ने श्लोक के रूप में ज्या–सारणी प्रस्तुत की जिनमें आर्यभट (आर्यभटीय), भास्कर द्वितीय (करणकुतुहल और सिद्धान्तशिरोमणि), वराहमिहिर (पञ्चसिद्धान्तिका), ब्रह्मगुप्त (ब्रह्मस्फुटसिद्धान्त), श्रीपति (सिद्धान्तशेखर), वटेश्वर (वटेश्वरसिद्धान्त), नित्यानन्द(सर्वसिद्धान्तराज) तथा ज्ञानराज (सिद्धान्तसुन्दर) प्रमुख हैं।

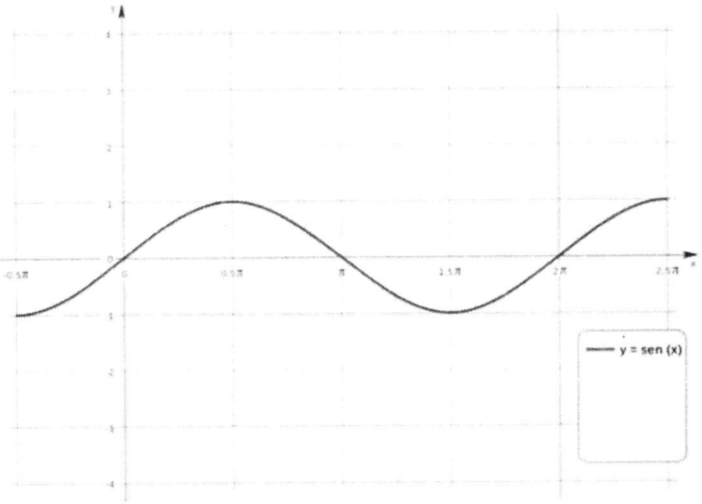

आर्यभट की ज्या सारणी

आर्यभट द्वारा रचित आर्यभटीय में दिये गये 24 संख्याओं का समुच्चय **आर्यभट की ज्या–सारणी** (Aryabha'a*s sine table) कहलाता है। आधुनिक अर्थ में यह कोई गणितीय सारणी (टेबुल) नहीं है जिसमें संख्याएँ पंक्ति व स्तम्भ के रूप में विन्यस्त (arranged) हों।

परम्परागत अर्थों में यह त्रिकोणमिति में प्रयुक्त ज्या फलन (sine function) के मानों की सूची भी नहीं है बल्कि यह ज्या फलन के

मानों के प्रथम अन्तर (first differences) है। इसी लिये इसे 'आर्यभट की ज्या–अन्तर सारणी (Aryabhasa's table of sine-differences) भी कहा जाता है।

आर्यभट की यह सारणी, गणित के इतिहास में, विश्व की सबसे पहले रचित ज्या–सारणी है।

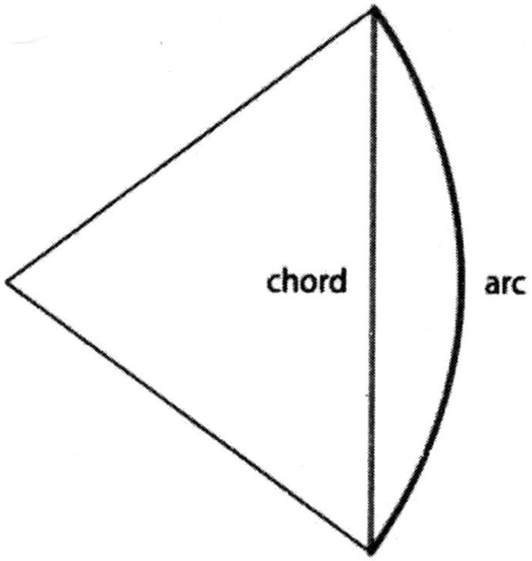

वृत्त में चाप (Arc) तथा जीवा (chord)

परम्परागत अर्थों में यह त्रिकोणमिति में प्रयुक्त ज्या फलन (sine function) के मानों की सूची भी नहीं है बल्कि यह ज्या फलन के मानों के प्रथम अन्तर (first differences) है। इसी लिये इसे 'आर्यभट की ज्या–अन्तर सारणी भी कहा जाता है।

श्लोक के रूप में ज्या-सारणी : मूल सारणी

आर्यभटीय का निम्नांकित श्लोक ही आर्यभट की ज्या–सारणी को निरूपित करता है:

मखि भखि फखि धखि णखि ञखि ङखि
हस्झ स्ककि किष्ग श्घकि किघ्व।
घ्लकि किग्र हक्य धकि किच स्ग झश ङ्व
क्ल प्त फ छ कला–अर्ध–ज्यास् ६

आधुनिक निरूपण

उपरोक्त श्लोक कूट रूप में है। आर्यभटीय में ही इसकी सहायता से ज्या–मान निकालने की विधि भी बतायी गयी है। इस विधि का उपयोग करके जो मान प्राप्त होते हैं वे नीचे की सारणी में दिये गये हैं।

क्रमांक	कोण (A) (डिग्री, आर्कमिनट में)	आर्यभट के संख्यात्मक निरूपण के रूप में मान	आर्यभट के संख्यात्मक निरूपण का (ISO 15919 लिप्यन्तरण)	संख्या के रूप में मान	ज्या (A) का आर्यभट द्वारा दिया मान	ज्या (A) का आधुनिक मान (3438 × sin (A)
1	03° 45'	मखि	makhi	225	225'	224.8560
2	07° 30'	भखि	bhakhi	224	449'	448.7490
3	11° 15'	फखि	phakhi	222	671'	670.7205
4	15° 00'	धखि	dhakhi	219	890'	889.8199
5	18° 45'	णखि	?akhi	215	1105'	1105.1089
6	22° 30'	ञखि	ñakhi	210	1315'	1315.6656
7	26° 15'	ङखि	?akhi	205	1520'	1520.5885
8	30° 00'	हस्झ	hasjha	199	1719'	1719.0000
9	33° 45'	स्ककि	skaki	191	1910'	1910.0505
10	37° 30'	किष्ग	ki?ga	183	2093'	2092.9218
11	41° 15'	श्घकि	sghaki	174	2267'	2266.8309
12	45° 00'	किघ्व	kighva	164	2431'	2431.0331
13	48° 45'	घ्लकि	ghlaki	154	2585'	2584.8253
14	52° 30'	किग्र	kigra	143	2728'	2727.5488
15	56° 15'	हक्य	hakya	131	2859'	2858.5925
16	60° 00'	धकि	dhaki	119	2978'	2977.3953
17	63° 45'	किच	kica	106	3084'	3083.4485
18	67° 30'	स्ग	sga	93	3177'	3176.2978
19	71° 15'	झश	jhasa	79	3256'	3255.5458
20	75° 00'	ङ्व	?va	65	3321'	3320.8530

21	78°	45'	क्ल	kla	51	3372'	3371.9398
22	82°	30'	प्त	pta	37	3409'	3408.5874
23	86°	15'	फ	pha	22	3431'	3430.6390
24	90°	00'	छ	cha	7	3438'	3438.0000

22

त्रिकोणमितीय फलन

गणित में **त्रिकोणमितीय फलन** (trigonometric functions) या 'वृत्तीय फलन' (circular functions) कोणों के फलन हैं। ये त्रिभुजों के अध्ययन में तथा आवर्ती संघटनाओं (periodic phenomena) के मॉडलन एवं अन्य अनेकानेक जगह प्रयुक्त होते हैं।

ज्या (sine), कोज्या (कोज) (cosine) तथा स्पर्शज्या (स्पर) (tangent) सबसे महत्व के त्रिकोणमितीय फलन हैं। ईकाई त्रिज्या वाले मानक वृत्त के संदर्भ में ये फलन सामने के चित्र में प्रदर्शित हैं। इन तीनों फलनों के व्युत्क्रम फलनों को क्रमशः व्युज्या (व्युज) (cosecant), व्युकोज्या (व्युक) (secant) तथा व्युस्पर्शज्या (व्युस) (cotangent) कहते हैं।

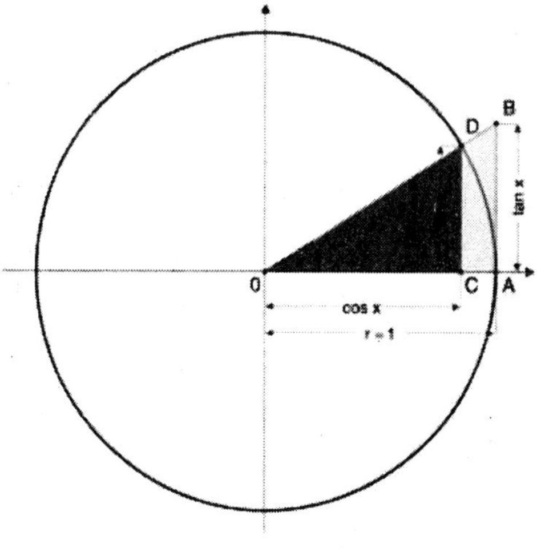

समकोण त्रिभुज पर आधारित परिभाषाएँ

संकेत

सामने = कोण सामने की भुजा की लम्बाई

संलग्न = कोण से संलग्न (लगी हुई) भुजा की लम्बाई

कर्ण = समकोण त्रिभुज का विकर्ण

$$\sin A = \frac{\text{opposite}}{\text{hypotenuse}} = \frac{a}{h}.$$

$$\cos A = \frac{\text{adjacent}}{\text{hypotenuse}} = \frac{b}{h}.$$

$$\tan A = \frac{\text{opposite}}{\text{adjacent}} = \frac{a}{b}.$$

कुछ विशिष्ट कोणों के त्रिकोणमित्तिय फलनों के मान

$$\sin A = \frac{\text{opposite}}{\text{hypotenuse}} = \frac{a}{h}.$$

$$\cos A = \frac{\text{adjacent}}{\text{hypotenuse}} = \frac{b}{h}.$$

$$\tan A = \frac{\text{opposite}}{\text{adjacent}} = \frac{a}{b}.$$

फलन	0 (0°)	$\frac{\pi}{12}$ (15°)	$\frac{\pi}{6}$ (30°)	$\frac{\pi}{4}$ (45°)	$\frac{\pi}{3}$ (60°)	$\frac{5\pi}{12}$ (75°)	$\frac{\pi}{2}$ (90°)
ज्या	0	$\frac{\sqrt{6}-\sqrt{2}}{4}$	$\frac{1}{2}$	$\frac{\sqrt{2}}{2}$	$\frac{\sqrt{3}}{2}$	$\frac{\sqrt{6}+\sqrt{2}}{4}$	1
कोज्या	1	$\frac{\sqrt{6}+\sqrt{2}}{4}$	$\frac{\sqrt{3}}{2}$	$\frac{\sqrt{2}}{2}$	$\frac{1}{2}$	$\frac{\sqrt{6}-\sqrt{2}}{4}$	0
स्पर्शज्या	0	$2-\sqrt{3}$	$\frac{\sqrt{3}}{3}$	1	$\sqrt{3}$	$2+\sqrt{3}$	∞[1]
व्युस्पर्शज्या	∞[1]	$2+\sqrt{3}$	$\sqrt{3}$	1	$\frac{\sqrt{3}}{3}$	$2-\sqrt{3}$	0
व्युकोज्या	1	$\sqrt{6}-\sqrt{2}$	$\frac{2\sqrt{3}}{3}$	$\sqrt{2}$	2	$\sqrt{6}+\sqrt{2}$	∞[1]
व्युज्या	∞[1]	$\sqrt{6}+\sqrt{2}$	2	$\sqrt{2}$	$\frac{2\sqrt{3}}{3}$	$\sqrt{6}-\sqrt{2}$	1

निम्नलिखित सारणी में यह दिखाया गया है कि चारों चतुर्थांशों के कोणों के लिये त्रिकोणमितीय फलनों के चिह्न क्या होते हैं।

चतुर्थांश (Quadrant)	ज्या तथा व्युज्या	कोज्या तथा व्युकोज्या	स्पर्शज्या तथा व्युस्पर्शज्या
I	+	+	+
II	+	-	-
III	-	-	+
IV	-	+	-

ग्राफ

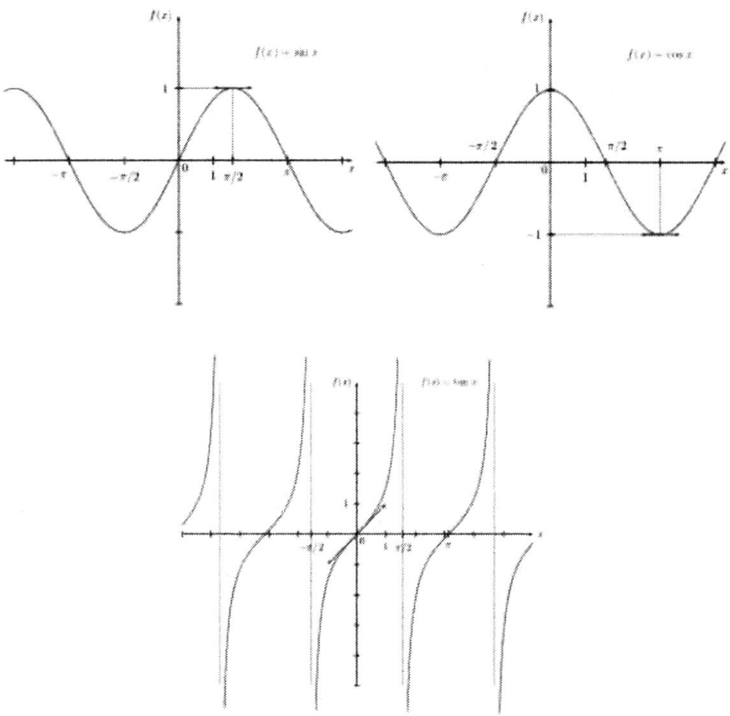

ज्या (sine), कोज्या (cosine) और स्पर्शज्या (tangent) फलनों का ग्राफीय निरूपण

23

मेरु प्रस्तार

गणित में, **मेरुप्रस्तार** या **हलायुध त्रिकोण** या **पास्कल त्रिकोण** (Pascal's triangle) द्विपद गुणांकों को त्रिभुज के रूप में प्रस्तुत करने से बनता है। पश्चिमी जगत में इसका नाम फ्रांसीसी गणितज्ञ ब्लेज़ पास्कल के नाम पर रखा गया है। किन्तु पास्कल से पहले अनेक गणितज्ञों ने इसका अध्ययन किया है, उदाहरण के लिये भारत के पिंगलाचार्य, परसिया, चीन, जर्मनी आदि के गतिज्ञ।

1

1 1

1 2 1

1 3 3 1

1 4 6 4 1

1 5 10 10 5 1

मेरु प्रस्तार की छः पंक्तियां

मेरु प्रस्तार का सबसे पहला वर्णन पिंगल के छन्दशास्त्र में है। जनश्रुति के अनुसार पिंगल पाणिनि के अनुज थे। इनका काल 400 ईपू से 200 ईपू॰ अनुमानित है। छन्दों के विभेद को वर्णित करने वाला 'मेरुप्रस्तार' (मेरु पर्वत की सीढ़ी) पास्कल (Blaise Pascal 1623–1662) के त्रिभुज से तुलनीय बनता है।

पिंगल द्वारा दिये गये मेरुप्रस्तार (Pyramidal expansion) नियम

की व्याख्या हलायुध ने अपने मृतसंजीवनी में इस प्रकार की है–

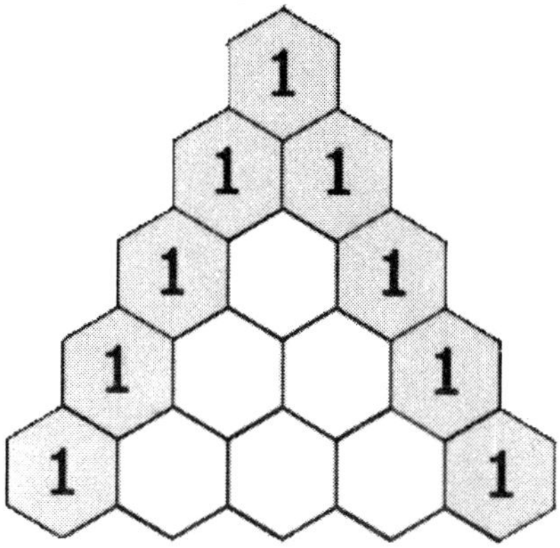

मेरु प्रस्तार (पास्कल त्रिकोण) की निर्माण विधि

अतोऽनेकद्वित्रिलघुक्रियासिद्ध्यर्थ यावदभिमतं प्रथमप्रस्तारवन्मेरुप्रस्तारं दर्शयति–परे पूर्णमिति ६ 8 | 35 ६

उपरिष्टादेकं चतुरस्रकोष्ठं लिखित्वा तस्याधस्तादुभयतोऽर्धनिष्क्रान्तं कोष्ठकद्वयं लिखेत्।

तस्याप्यधस्तात्रयं तस्याप्यधस्ताच्चतुष्टयं यावदभिमतं स्थानमिति मेरुप्रस्तारः।।

तस्य प्रथमे कोष्ठे एकसंख्यां व्यवस्थाप्य लक्षणमिदं प्रवर्तयेत्। तत्र परे कोष्ठे यद्वृत्तसंख्याजातं तत् पूर्वकोष्टयोः पूर्णं निवेशयेत्।

तत्रोभयोः कोष्ठकयोरेकैकमंगं दद्यात्, मध्ये कोष्ठे तु परकोष्टद्वयांकमेकीकृत्य पूर्ण निवेशयेदिति पूर्णशब्दार्थः।

चतुर्थ्यां पंक्तावपि पर्यन्तकोष्ठयोरेकैकमेव स्थापयेत्। मध्यमकोष्ठयोस्तु परकोष्ठद्वयांकमेकीकृत्य पूर्णं त्रिसंख्यारूपं स्थापयेत्।

उत्तरत्राप्ययमेव न्यासः। तत्र द्विकोष्ठायां पंक्तौ एकाक्षरस्य विन्यासः। तत्रैकगुर्वेकलघुवृत्तं भवति। तृतीयायां पंक्तौ द्वयक्षरस्य प्रस्तारः।

तत्रैकं सर्वगुरु, द्वे एकलघुनी, एकं सर्वलघ्विति कोष्ठक्रमेण वृत्तानि भवन्ति ६ चतुर्थ्यां पंक्तौ त्यक्षरस्य प्रस्तारः।

तत्रैकं सर्वगुरु त्रीण्येकलघूनि त्रीणि द्विलघूनि एकं सर्वलघु।। तथा पंचमादिपंक्तावपि सर्वगुर्वादिसर्वलघ्वन्तमेकद्वयादिलघु द्रष्टव्यमिति।।

24

कटपयादि

कटपयादि (= क ट प य आदि) संख्याओं को शब्द या श्लोक के रूप में आसानी से याद रखने की प्राचीन भारतीय पद्धति है। चूंकि भारत में वैज्ञानिक/तकनीकी/खगोलीय ग्रंथ पद्य रूप में लिखे जाते थे, इसलिये संख्याओं को शब्दों के रूप में अभिव्यक्त किये बिना विषय का समुचित विवेचन नहीं किया जा सकता था। भारतीय चिन्तकों ने इसका समाधान 'कटायादि' के रूप में निकाला।

इसमें शून्य (0) से नौ (9) तक के दस अंकों को देवनागरी के दस वर्णों से निरुपित कर दिया जाता है। इस पद्धति की विशेषता है कि एक ही अंक को कई वर्णों (व्यंजनों) से निरूपित किया जाता है जबकि कुछ वर्ण कोई अंक निरुपित नहीं करते – इससे यह लाभ होता है कि संख्याओं के लिये अर्थपूर्ण शब्द बनाने में आसानी होती है। अर्थपूर्ण शब्द रहने से याद करने में सरलता होती है।

नियम

शंकरवर्मन द्वारा रचित सद्रत्नमाला का निम्नलिखित श्लोक इस पद्धति को स्पष्ट करता है –

नञावचश्च शून्यानि संख्याः कटपयादयः।

मिश्रे तूपान्त्यहल् संख्या न च चिन्त्यो हलस्वरः।।

अर्थ : न, ञ तथा अ शून्य को निरूपित करते हैं। (स्वरों का मान शून्य है) शेष नौ अंक **क, ट, प** और **य** से आरम्भ होने वाले

व्यंजन वर्णों द्वारा निरूपित होते हैं। किसी संयुक्त व्यंजन में केवल बाद वाला व्यंजन ही लिया जायेगा। बिना स्वर का व्यंजन छोड़ दिया जायेगा।

अतः वर्णों के मान निम्नलिखित तालिका के अनुसार होंगे –

1	2	3	4	5	6	7	8	9	0
क	ख	ग	घ	ङ	च	छ	ज	झ	ञ
ट	ठ	ड	ढ	ण	त	थ	द	ध	न
प	फ	ब	भ	म	–	–	–	–	–
य	र	ल	व	श	ष	स	ह	–	–

उदाहरण

शब्द –– कटपयादि संख्या

- राम = 25
- महेन्द्र = 582
- कौटिल्य = 111

ऐतिहासिक उपयोग के कुछ उदाहरण

- **माधवाचार्य की ज्या सारणी** (Sine table)
- **करणपद्धति** में पाई का मान (पन्द्रहवीं शताब्दी में रचित ग्रन्थ)

अनूननून्नाननुन्ननित्यैस्समाहताश्चक्रकलाविभक्ताः।

चण्डांशुचन्द्राधमकुंभिपालैर्व्यासस्तदर्द्धं त्रिभमौर्विक स्यात्।।

- निम्नलिखित श्लोक पाई का मान दशमलव के 31 स्थानों तक शुद्ध देता है–

गोपीभाग्यमधुव्रात–श्रुग्ङिशोदधिसन्धिग।

खलजीवितखाताव गलहालारसंधर।।

- **सद्रत्नमाला** में पाई का मान

भद्राम्बुद्धिसिद्धजन्मगणितश्रद्धा स्म यद् भूपगीः

= 314159265358979324 (सत्रह दशमलव स्थानों तक, 3 के

बाद दशमलव मानिए।)

- **कर्नाटक संगीत** में मेलकर्ता रागों के लिये कटपयादि संख्या
- **नारायणीयम्** के अन्त में आयुरारोग्यसौख्यम् आया है, जिसके संगत संख्या 1712210 आती है जो इस ग्रन्थ की समाप्ति का दिन बताता है। अर्थात् यह ग्रन्थ मलयालम पंचांग के अनुसार कलियुग के आरम्भ के 1712210–वें दिन समाप्त हुआ।
- कुछ लोग बच्चों के नाम उनके जन्मकाल के आधार पर कटपयादि का उपयोग करते हुए रखते हैं।

माधव की ज्या सारणी

श्रेष्ठं नाम वरिष्ठानां हिमाद्रिर्वेदभावनः।
तपनो भानुसूक्तज्ञो मध्यमं विद्धि दोहनं।।
धिगाज्यो नाशनं कष्टं छत्रभोगाशयाम्बिका।
म्रिगाहारो नरेशोऽयं वीरोरनजयोत्सुकः।।
मूलं विशुद्धं नालस्य गानेषु विरला नराः।
अशुद्धिगुप्ताचोरश्रीः शंकुकर्णो नगेश्वरः।।
तनुजो गर्भजो मित्रं श्रीभानत्र सुखी सखे!।
शशी रात्रौ हिमाहारो वेगल्पः पथि सिन्धुरः।।
छायालयो गजो नीलो निर्मलो नास्ति सत्कुले।
रात्रौ दर्पणमभ्रांगं नागस्तुंगनखो बली।।
धीरो युवा कथालोलः पूज्यो नारीजरैर्भगः।
कन्यागारे नागवल्ली देवो विश्वस्थली भृगुः।।
तत्परादिकलान्तास्तु महाज्या माधवोदिताः।
स्वस्वपूर्वविशुद्धे तु शिष्टास्तत्खण्डमौर्विकाः।। 2.9.5

25

म्लेच्छित विकल्प

म्लेच्छित विकल्प, वात्स्यायन के कामसूत्र में वर्णित 64 कलाओं में से एक कला है। वस्तुतः यह बीजलेखन (क्रिप्टोग्राफी) और गुप्तसंचार की कला है। डेविड कान (David Kahn) ने 1967 में रचित बीजलेखन से सम्बन्धित कोडब्रेकर्स नामक एक ग्रन्थ में यह मत व्यक्त किया है कि म्लेच्छित विकल्प इस बात का प्रमाण है कि प्राचीन भारत में बीजलेखन की विधियाँ बहुतायत में प्रचलित थीं।

कौटिलीयम्

यशोधर के अनुसार ह्रस्व स्वर, दीर्घ स्वर, अनुस्वार, विसर्ग तथा स्पर्शी वर्णों को अन्य व्यंजनों तथा संयुक्ताक्षरों के स्थान पर रखने से कौटिलीय लिपि बन जाती है। यह नीचे की सारणी में दिखायी गयी है। अन्य वर्ण जो सारणी में नहीं दिए गये हैं, अपरिवर्तित रहते हैं। प्रत्येक शब्द का प्रथम वर्ण भी अपरिवर्तित रखा जाता है। अतः इस लिपि में **'मग'** के स्थान पर **'मा'** लिखा जाएगा।

अ आ इ ई उ ऊ ऋ ॠ ऌ ॡ ए ऐ ओ औ अं अः ञ श ष स इ र ल उ

ख ग घ ङ छ ज झ ञ ठ ड ढ ण थ द ध न फ ब भ म य र ल व

इस योजना का एक सरलीकृत रूप भी है जिसका नाम दुर्बोध है।

मूलदेवीयम्

मूलदेवीय का उल्लेख यशोधर द्वारा रचित कामसूत्र की जयमंगला टीका में आया है। इसके अनुसार, अ और क, ख और ग, घ और ङ, चवर्ग और टवर्ग, तवर्ग और पवर्ग तथा य और श, इनका परस्पर व्यत्यय कर देने से मूलदेवी लिपि बन जाती है। 'मूलदेव' नाम से प्राचीन जैन कथाओं के बहुत प्रसिद्ध चतुर व धूर्त्त नायक पाये जाते हैं।

अ	ख	घ	च	त	ञ	न	र	ल	य
क	ग	ङ	ट	प	ण	म	ष	स	श

26

ब्रह्मगुप्त प्रमेय

ज्यामिति का एक प्रमेय है। इसके अनुसार यदि किसी चक्रीय चतुर्भुज के विकर्ण परस्पर लम्बवत हों तो इन विकर्णों के प्रतिच्छेद बिन्दु से इस चतुर्भुज के किसी भुजा पर खींचा गया लम्ब उस भुजा

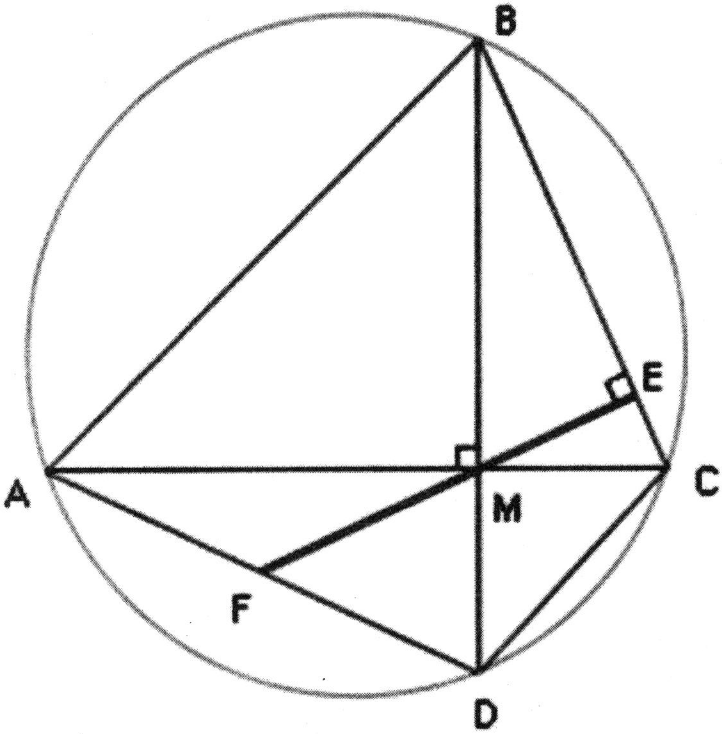

के सामने वाली भुजा को समद्विभाजित करता है। यह प्रमेय भारत के महान गणितज्ञ ब्रह्मगुप्त ने दिया था।

दूसरे शब्दों में, माना कि A, B, C तथा D किसी वृत्त की परिधि पर स्थित हैं तथा रेखाएँ AC व BD परस्पर लम्बवत हैं। AC तथा BD का प्रतिच्छेद बिन्दु M है। M से रेखा BC पर लम्ब डालो जो इसे E बिन्दु पर मिलता है। EM को आगे बढ़ाने पर यह AD को F पर मिलती है। तो इस प्रमेय के अनुसार बिन्दु F रेखा AD का मध्य बिन्दु होगा।

इसी को ब्रह्मगुप्त में श्लोक में कुछ इस प्रकार अभिव्यक्त किया है–

त्रि–भ्जे भुजौ तु भूमिस् तद्–लम्बस् लम्बक–अधरं खण्डम्।
ऊर्ध्वं अवलम्ब–खण्डं लम्बक–योग–अर्धं अधर–ऊनम्।।
–– ब्राह्मस्फुटसिद्धान्त, गणिताध्याय, क्षेत्रव्यवहार 12.31

27

ब्रह्मगुप्त सर्वसमिका

ब्रह्मगुप्त सर्वसमिका भारतीय गणितज्ञ ब्रह्मगुप्त द्वारा है। यह सर्वसमिका दो योगों का गुणनफल, जिनमें प्रत्येक गुणक स्वयं दो वर्गों का योग हो, को दो वर्गों के योग के रूप में अभिव्यक्त करती है।

$$(a^2 + b^2)(c^2 + d^2) = (ac - bd)^2 + (ad + bc)^2 \qquad (1)$$

$$= (ac + bd)^2 + (ad - bc)^2. \qquad (2)$$

उदाहरण के लिये,

$$(1^2 + 4^2)(2^2 + 7^2) = 26^2 + 15^2 = 30^2 + 1^2.$$

यह सर्वसमिका लाग्रेंज सर्वसमिका (Lagrange's identity) की विशेष स्थिति (special case) है।

ब्रह्मगुप्त ने इस सर्वसमिका को निम्नलिखित श्लोक में निबद्ध किया है–

मूलं द्विधा इष्टवर्गाद् गुणकगुणाद् इष्ट युत विहिनान च।
आद्यवधो गुणकगुणः सह अन्त्यघातेन कृतं अन्त्यम्।।
वज्रवधैक्यं प्रथमं प्रक्षेपः क्षेपबधतुल्यः
प्रक्षेपशोधकहृते मूले प्रक्षेपके रूपे।।

(अनुवाद : 'From the square of an assumed number multiplied by the गुणक, add or subtract a desired quantity and obtain the root, and place them twice I The product of the first (pair of roots) multiplied by the गुणक increased by the product of the last (pair of roots) is the (new) greater root (अन्त्य–मूलम्)। The sum of the products of the cross-multiplication (वज्रवधैकम्) is the first (new) root (प्रथम–मूलम्). The (new) क्षेप is the product of similar additive or subtractive quantities. When the क्षेप is equal (तुल्य), the root (first or last) is to be divided by it to turn the (new) क्षेप into unity')

ब्रह्मगुप्त सर्वसमिका का विस्तार

ब्रह्मगुप्त सर्वसमिका का विस्तार करके 2, 4, 8, 16 आदि वर्गों के लिये सर्वसमिकाएँ निकाली जा सकतीं हैं।

- **ब्रह्मगुप्त–फिबोनाकी सर्वसमिका:** $(x_1^2+x_2^2)\cdot(y_1^2+y_2^2) = z_1^2+z_2^2$
- **आयलर (Eulers) चतु:वर्ग सर्वसमिका:**[3] $(x_1^2+x_2^2+x_3^2+x_4^2)\cdot(y_1^2+y_2^2+y_3^2+y_4^2) = z_1^2+z_2^2+z_3^2+z_4^2$
- **डेगेन (Degens) अष्ट वर्ग सर्वसमिका:**[4] $(x_1^2+x_2^2+x_3^2+3+x_8^2)\cdot(y_1^2+y_2^2+y_3^2+3+y_8^2) = z_1^2+z_2^2+z_3^2+3+z_8^2$
- **फिस्तर (Pfisters) षोडष वर्ग सर्वसमिका:**[5] $(x_1^2+x_2^2+x_3^2+3+x_{16}^2)\cdot(y_1^2+y_2^2+y_3^2+3+y_{16}^2) = (z_1^2+z_2^2+z_3^2+3+z_{16}^2)$

फिस्तर ने 1967 में सिद्ध किया कि सिद्धान्तत: 2 के सभी पूर्णांक घातों (2^n) के लिये सर्वसमिकाएँ प्राप्त की जा सकतीं हैं।

उपयोग

ब्रह्मगुप्त ने उपरोक्त सर्वसमिका का उपयोग वर्ग–प्रकृति (पेल का समिकरण) हल करने के लिए किया, जो निम्नलिखित है–$x^2 - Ny^2 = 1$. Using the identity in the form

ब्रह्मगुप्त दो 'त्रिक' (triples) (x_1, y_1, k_1) तथा (x_2, y_2, k_2) निर्मित करते थे जो समीकरण $x^2 - Ny^2 = k$, के हल थे। इन दो त्रिकों से वे तीसरा त्रिक निर्मित करते थे–

इस प्रकार वे समीकरण $x^2 - Ny^2 = 1$ का एक हल से आरम्भ करते हुए अनन्त हल निकाल लेते थे।

भास्कर द्वितीय ने सन 1150 में वर्गप्रकृति (पेल समीकरण) का सामान्य हल बताया था जिसे चक्रवाल विधि कहते हैं। चक्रवाल विधि भी ब्रह्मगुप्त सर्वसमिका पर ही आधारित है।

28

केरलीय गणित सम्प्रदाय

केरलीय गणित सम्प्रदाय केरल के गणितज्ञों और खगोलशास्त्रियों का एक के बाद एक आने वाला क्रम था जिसने गणित और खगोल के क्षेत्र में बहुत उन्नत कार्य किया। इसकी स्थापना संगमग्राम के माधव द्वारा की गयी थी। परमेश्वर, नीलकण्ठ सोमजाजिन्, ज्येष्ठदेव, अच्युत पिशारती, मेलापतुर नारायण भट्टतिरि तथा अच्युत पान्निकर इसके अन्य सदस्य थे। यह सम्प्रदाय 14वीं शदी से लेकर 16वीं शदी तक फला–फूला। खगोलीय समस्याओं के समाधान के खोज के चक्कर में इस सम्प्रदाय ने स्वतंत्र रूप से अनेकों महत्वपूर्ण गणितीय संकल्पनाएँ सृजित की। इनमें नीलकंठ द्वारा तंत्रसंग्रह नामक ग्रन्थ में दिया गया त्रिकोणमितीय फलनों का श्रेणी के रूप में प्रसार सबसे महत्वपूर्ण है।

केरलीय गणित सम्प्रदाय माधवन के बाद कम से कम दो शताब्दियों तक फलता–फूलता रहा। ज्येष्ठदेव से हमें समाकलन का विचार मिला, जिसे संकलितम कहा गया था, (हिंदी अर्थ संग्रह), जैसा कि इस कथन में है:

एकाद्येकोथर पद संकलितम समं पदवर्गठिन्ते पकुति

जो समाकलन को एक ऐसे चर (पद) के रूप में अनुवादित करता है जो चर के वर्ग के आधे के बराबर होगा; अर्थात x dx का समाकलन $x^2 / 2$ के बराबर होगा। यह स्पष्ट रूप से समाकलन की शुरुआत है। इससे सम्बंधित एक अन्य परिणाम कहता है कि किसी

वक्र के अन्दर का क्षेत्रफल उसके समाकल के बराबर होता है। इसमें से अधिकांश परिणाम यूरोप में ऐसे ही परिणामों के अस्तित्व से कई शताब्दियों पूर्व के हैं। अनेक प्रकार से, ज्येष्ठदेव की युक्तिभाषा कलन पर विश्व की पहली पुस्तक मानी जा सकती है।

इस समूह ने खगोल विज्ञान में अन्य कई कार्य भी किये; वास्तव में खगोलीय परिकलनों पर विश्लेषण संबंधी परिणामों की तुलना में कहीं अधिक पृष्ठ लिखे गए हैं।

केरल स्कूल ने भाषाविज्ञान (भाषा और गणित के मध्य सम्बन्ध एक प्राचीन भारतीय परंपरा है, देखें, कात्यायन) में भी योगदान दिया है। केरल की आयुर्वेदिक और काव्यमय परंपरा की जड़ें भी इस स्कूल में खोजी जा सकती हैं। प्रसिद्ध कविता, नारायणीयम, की रचना नारायण भात्ताथिरी द्वारा की गयी थी।

परिचय

यद्यपि ऐसा लगता है कि इस्लामी फतह के बाद उत्तरी भारत के अधिकांश भागों में गणित में मौलिक कार्य रुक गये, बनारस गणित अध्ययन केंद्र के रूप में बचा रहा और केरल में गणित का एक महत्वपूर्ण स्कूल पल्लवित हुआ।

14वीं सदी में कोच्चि में माधव ने गणित में महत्वपूर्ण अनुसंधान किए जिसे यूरोपीय गणितज्ञ कम से कम दो सदियों बाद ही जान पाये। उनके ज्या और कोज्या फलन के श्रेढी विस्तारण को जानने में न्यूटन को इसके बाद 300 वर्ष और लगे थे। गणित के इतिहासकार राजगोपाल, रंगाचारी और जोसेफ का मानना है कि गणित में उनकी देन इसे अगले सोपान पर – आधुनिक शास्त्रीय विश्लेषण पर – ले जाने में बहुत सहायक थी।

15वीं सदी में तिरूर, केरल के नीलकंठ ने माधव द्वारा प्राप्त परिणामों को विस्तृत किया और व्याख्या की। 16 वीं सदी में केरल के ज्येष्ठदेव ने माधव और नीलकंठ की कृतियों में शामिल प्रमेयों के विस्तृत प्रमाण और नियमों के डेरिवेशन्स दिये। यह भी ध्यान देने

योग्य है कि ज्येष्ठदेव की पुस्तक "युक्तिभाषा" में नीलकंठ की पुस्तक "तंत्र संग्रह" पर टिप्पणियां तो हैं ही इसके अलावा उसमें ग्रहीय सिद्धांत की भी व्याख्या है जिसे टाइको ब्राहे ने बहुत बाद में अपनाया; इसके अलावा परवर्ती यूरोपीय विद्वानों द्वारा कल्पित गणित की भी उन्होंने पूर्व में व्याख्या की थी। चित्रभानु, 16 वीं सदी, केरल ने परिणाम हासिल करने के लिए बीजगणितीय और ज्यामितीय दोनों रीतियों का प्रयोग किया और इसके द्वारा दो बीजगणितीय समीकरणों की 21 प्रकार की प्रणालियों के राशि हल दिए। केरल के गणितज्ञों द्वारा किए गए महत्त्वपूर्ण अनुसंधानों में न्यूटन–गॉस का प्रक्षेप सूत्र, एक असीम श्रेणी के योगफल का सूत्र और पाइ का मान एक श्रेढ़ी के रूप में भी शामिल हैं। चार्ल्स व्हिश 1835 में "ट्रांसैक्शन्स ऑफ दी रॉयल एशियाटिक सोसायटी ऑफ ग्रेट ब्रिटेन एण्ड आयरलैंड" में प्रकाशित उन प्रथम पश्चिमी विद्वानों में से एक थे जिन्होंने इस तथ्य को स्वीकार किया कि इस क्षेत्र में हुए यूरोपीय विकास को केरल स्कूल ने 300 वर्ष पहले ही कल्पित कर लिया था।

केरलीय गणित सम्प्रदाय का प्रभाव

"क्रेस्ट ऑफ पीकॉक" के लेखक जोसेफ कहते हैं कि गणित की भारतीय पांडुलिपियां यूरोप में संभवतया जेसुइट पादरियों द्वारा लाई गई जैसे कि मात्तिओ रिक्सी जिसने 1580 में चर्च द्वारा निर्देश प्राप्त होने के बाद गोआ से कोचीन जाकर वहां दो साल बिताये। कोचीन त्रिचूर से केवल 70 किमी दूर स्थित है। त्रिचूर उस समय ज्योतिर्विद्या के अभिलेखों का सबसे बड़ा संग्रहालय था। व्हिश और हाइन, दो यूरोपीय गणितज्ञों ने त्रिचूर के केरलीय गणितज्ञों की कृतियों की नकल प्राप्त की थी और यह बड़ा स्वाभाविक लगता है कि जेसुइट पादरियों ने इन कृतियों की नकल पीसा या पदाउ या पेरिस में पहुंचाई। पीसा में गैलिलियो, कैवेलियरी और वालिस, पदाउ में जेम्स ग्रेगरी और पेरिस में मरसेन जो फर्मट और पास्कल के संपर्क में थे, इन गणितीय अवधारणाओं के प्रसार के अभिकर्ता बने।

29

जन्तर मन्तर (जयपुर)

जयपुर का जन्तर मन्तर सवाई जयसिंह द्वारा 1724 से 1734 के बीच निर्मित एक खगोलीय वेधशाला है। यह यूनेस्को के 'विश्व धरोहर सूची' में सम्मिलित है। इस वेधशाला में 14 प्रमुख यन्त्र हैं जो समय मापने, ग्रहण की भविष्यवाणी करने, किसी तारे की गति एवं स्थिति जानने, सौर मण्डल के ग्रहों के दिक्पात जानने आदि में सहायक हैं। इन यन्त्रों को देखने से पता चलता है कि भारत के लोगों को गणित एवं खगोलिकी के जटिल संकल्पनाओं (कॉसेप्ट्स) का इतना गहन ज्ञान था कि वे इन संकल्पनाओं को एक 'शैक्षणिक वेधशाला' का रूप दे सके ताकि कोई भी उन्हें जान सके और उसका आनन्द ले सके।

जयपुर में पुराने राजमहल 'चन्द्रमहल' से जुडी एक आश्चर्यजनक मध्यकालीन उपलब्धि है– जंतर मंतर! प्राचीन खगोलीय यंत्रों और जटिल गणितीय संरचनाओं के माध्यम से ज्योतिषीय और खगोलीय घटनाओं का विश्लेषण और सटीक भविष्यवाणी करने के लिए दुनिया भर में प्रसिद्ध इस अप्रतिम वेधशाला का निर्माण जयपुर नगर के संस्थापक आमेर के राजा सवाई जयसिंह (द्वितीय) ने 1728 में अपनी निजी देखरेख में शुरू करवाया था, जो सन 1734में पूरा हुआ था। सवाई जयसिंह एक खगोल वैज्ञानिक भी थे, जिनके योगदान और व्यक्तित्व की प्रशंसा जवाहर लाल नेहरू ने अपनी प्रसिद्ध पुस्तक 'डिस्कवरी ऑफ इंडिया' ('भारत : एक खोज') में सम्मानपूर्वक की है।

सवाई जयसिंह ने इस वेधशाला के निर्माण से पहले विश्व के कई देशों में अपने सांस्कृतिक दूत भेज कर वहां से खगोल–विज्ञान के प्राचीन और महत्वपूर्ण ग्रंथों की पांडुलिपियाँ मंगवाईं थीं और उन्हें अपने पोथीखाने (पुस्तकालय) में संरक्षित कर अपने अध्ययन के लिए उनका अनुवाद भी करवाया था। महाराजा सवाई जय सिंह द्वितीय ने हिन्दू खगोलशास्त्र में आधार पर देश भर में पांच वेधशालाओं का निर्माण कराया था। ये वेधशालाएं जयपुर, दिल्ली, उज्जैन, बनारस और मथुरा में बनवाई गई। इन वेधशालाओं के निर्माण में उन्होंने उस समय के प्रख्यात खगोशास्त्रियों की मदद ली थी। सबसे पहले महारजा सवाई जयसिंह (द्वितीय) ने उज्जैन में सम्राट यन्त्र का निर्माण करवाया, उसके बाद दिल्ली स्थित वेधशाला (जंतर–मंतर) और उसके दस वर्षों बाद जयपुर में जंतर–मंतर का निर्माण करवाया था। देश की सभी पांच वेधशालाओं में जयपुर की वेधशाला सबसे बड़ी है। इस वेधशाला के निर्माण के लिए 1724 में कार्य प्रारम्भ किया गया और 1734 में यह निर्माण कार्य पूरा हुआ। यह बाकी के जंतर मंत्रों से आकार में तो विशाल है ही, शिल्प और यंत्रों की दृष्टि से भी इसका कई मुकाबला नहीं है। सवाई जयसिंह निर्मित पांच वेधशालाओं में आज केवल दिल्ली और जयपुर के जंतर मंतर ही शेष बचे हैं, बाकी काल के गाल में समा गए हैं।

विश्व धरोहर सूची में शामिल

यूनेस्को ने 1 अगस्त 2010 को जंतर–मंतर समेत दुनिया भर के सात स्मारकों को "विश्व धरोहर सूची" में शामिल करने की जो घोषणा की थी, उनमें जयपुर का जंतर मंतर भी एक है। ब्राजील की राजधानी ब्रासीलिया में वर्ल्ड हेरिटेज कमेटी के 34 वें अंतर्राष्ट्रीय सम्मलेन में इस वेधशाला को विश्व–विरासत स्मारक श्रेणी में शामिल किया जा चुका है। इस सम्मान की पीछे जो मुख्य कारण गिनाए गए थे, उनमें सबसे बड़ा कारण यह था कि इतने वर्ष गुजर जाने के बावजूद इस वेधशाला के सभी प्राचीन यन्त्र आज भी ठीक अवस्था में हैं; जिनके

माध्यम से मौसम, स्थानीय समय, ग्रह नक्षत्रों और ग्रहण अदि खगोलीय परिघटनाओं की एकदम सटीक गणना आज भी की जा सकती है। जयपुर स्थित जंतर–मंतर को सन 2010 में विश्व विरासत का दर्जा प्राप्त हुआ। विश्व विरासत में अपना नाम शामिल कराने वाला जंतर–मंतर राजस्थान का पहला और भारत की 23वीं सांस्कृतिक धरोहर है।

घु सम्राट यन्त्र

इतिहास की एक बेमिसाल धरोहर के निर्माण का श्रेय महाराजा सवाई जय सिंह द्वितीय को जाता है।

282 साल पहले लकड़ी, चूने, पत्थर और धातु से निर्मित यंत्रों के माध्यम से आकाशीय घटनाओं के अध्ययन की भारतीय विद्या को 'अद्भुत' मानते हुए इस स्मारक को विश्व धरोहर सूची में शामिल किया गया है। इन्हीं यंत्रों के गणना के आधार पर आज भी जयपुर के स्थानीय पंचांग का प्रकाशन होता है और हर बरस आषाढ़ पूर्णिमा को खगोलशास्त्रियों द्वारा 'पवन धारणा' प्रक्रिया से आने वाली वर्षा की भविष्यवाणी की जाती है।

यहां के यंत्रों में– 'सम्राट–यन्त्र' (जो एक विशाल सूर्यघड़ी है), 'जयप्रकाश–यन्त्र' और 'राम–यन्त्र' सर्वाधिक प्रसिद्ध हैं, जिनमें से 'सम्राट–यन्त्र' सर्वाधिक ऊंचा (धरती से करीब 90 फुट) है, जिसके माध्यम से पर्याप्त शुद्धता से समय बताया जा सकता है।

विश्व धरोहर सूची में शामिल जंतर–मंतर राजस्थान प्रदेश का पहला और देश का 28 वां स्मारक हो गया है। भरतपुर का घना पक्षी अभयारण्य यूनेस्को की सांस्कृतिक श्रेणी की विश्व धरोहर सूची में पहले से शामिल है। इससे इस नायब वेधशाला को नई अंतर्राष्ट्रीय पहचान मिलेगी ही, स्मारक के रखरखाव के लिए 40 हज़ार डॉलर का अलग फंड भी मिलेगा।

वैदिक गणित गणना की ऐसी पद्धति है, जिससे जटिल अंकगणितीय गणनाएं अत्यंत ही सरल, सहज व त्वरित संभव हैं।

1. एकाधिकेन पूर्वेण

अर्थः पूर्व वाले से एक अधिक

प्रयोगः आवर्ती दशमलव भिन्न (recurring decimal fraction), वर्ग ज्ञात करने में, आंशिक भिन्नों द्वारा समाकलन (integration by using partial fractions).

उदाहरणः ––वर्ग निकालने के लिए––(यहाँ केवल 5 से अंत होने वाली संख्याओं की बात की जा रही है)––

25 का वर्गः यहाँ पूर्व का अंक(संख्या) है 2 .———2 का एकाधिक है 3.

अब अंतिम हल है 2x3 / 25————वर्गफल के दुसरे भाग में हमेशा 25 ही होगा।

इस तरह 25 का वर्ग=625.

35 का वर्ग=3x4 / 25=1225,

175 का वर्ग=17x18 / 25=30625,

995 का वर्ग=99x100 / 25=990025.इत्यादि.

2. निखिलं नवतः चरमं दशतः

अर्थः सभी 9 में से, अंत वाला 10 में से

प्रयोग : संख्याओं के गुणा और भाग में,रेखांक ज्ञात करने में।

उदाहरणः—आधार(10,100,1000,10000,...) के प्रयोग से गुणा—

9998x6543=

9998–0002———आधार 10000–9998'

6543–3457———आधार 10000–6543''

————————————

6541 / 6914————6541=9998–3457 या 6543–2; 6914=–2x –3457

————————————

अतः 9998x6543=65416914 होगा।

सूत्र का प्रयोग कहाँ हुआ ?——10000–6543=.

यहाँ सभी अंकों को 9 से घटाएंगे और अंतिम / चरम अंक को 10 में से घटाएंगे। इस सूत्र के प्रयोग से मन में ही घटाकर सीधे लिखेंगे।

*9998,10000 से 2 कम है इसलिए–2 लिखा गया।

**इसी प्रकार 6543,10000 से 3457 कम है इसलिए–3457 लिखा गया।

#अगर *,** में कम न हो करके अधिक होता तो ऋणात्मक

चिन्ह नहीं लिखा जाता।

3. ऊर्ध्व-तिर्यग्भ्याम् (vertically and crosswise)

अर्थः सीधा/ऊर्ध्वाधर और तिरछा/तिर्यक

योगः संख्याओं के गुणा, बीजगणितीय (algebraic) गुणा, साथ ही इनके भाग में भी,वर्गमूल ज्ञात करने में।

उदाहरणः——सामान्य गुणा—— 124x235=

2.1=2; 2.2+3.1=7; 2.4+3.2+5.1=19; 3.4+5.2=22; 5.4=20

यहाँ 2;7;19;22;20 को दो तरह से लिखा गया है –

बाएं से दायें उत्तर पाने के लिए ध्वजांक को बाएं से उठाकर दायें में जोड़िये*। इसी तरह दायें से बाएं में ठीक विपरीत कार्य करना है।

*यदि दो अंक आ जाये तो दहाई अंक पहले वाले में जोड़ा जायेगा।

इस कारण से दायें से बाएं ,ज्यादा आसान लगता है अधिकतर लोगों को।

दोनों ओर से गुणनफल एक ही आएगा। 124×235=29140।

4. परावर्त्य योजयेत् (transpose and apply)

अर्थः पक्षान्तरण तथा अनुप्रयोग

प्रयोगः भाग करने में, जटिल समीकरणों को हल करने में।

उदाहरणः ——भाग——15324/123 जहाँ पर भाजक, आधार 10,100,...के निकट ऊपर हो।

यहाँ Q=122 और R=13 है ,हम इसपर बाद में विस्तार से बात करेंगे।

5. शून्यं साम्यसमुच्चये

अर्थः जब समुच्चय एक समान है तब उस समुच्चय का मान शून्य होता है।

सामान्य समीकरणों को आसानी से हल करने में अच्छा है यह सूत्र।

यहाँ समुच्चय के 6 अर्थ निकलते हैं.जिनके बारे में आगे बताया जायेगा।

प्रयोगः सरल समीकरणों को हल करने में।

उदाहरणः ––समुच्चय के पहले अर्थ (सार्वगुणनखंड) का अनुप्रयोग––

समी0 9(x+1)=5(x+1) को हल करने के लिए सीधे लिखेंगे x+1=0। =झ x = –1

*9 और 5 का कोई प्रभाव नहीं है हल पर इसीलिए 9 से और 5 से गुणा करना और फिर जोड़–घटाव करने के बाद हल पाना उपयुक्त नहीं है।

6. (आनुरूप्ये) शून्यंमन्यत्

अर्थः प्रयोग में इसका अर्थ है–यदि एक अनुपात में है तो दूसरा शून्य है।

प्रयोगः एक विशिस्ट प्रकार के युगपत (simultaneous) सरल समीकरण को हल करने में।

उदाहरणः

$$5x+6y=3$$
$$10x+18y=6$$

यहाँ x के गुणांकों का अनुपात तथा अचर पदों का अनुपात एक ही है––

5:10; 3:6. इसलिए सूत्र से, दूसरा अर्थात y शून्य होगा।

इस तरह से x=3/5 होगा।

7. संकलन व्यवकलनाभ्याम्

अर्थः जोड़ने तथा घटाने द्वारा

प्रयोगः वैसे युगपत समी0 को हल करने में, जिनमे x–गुणांक

तथा y–गुणांक अदल–बदल कर दिए हों।

उदाहरण:

5x–3y=11

3x–5y=5

संकलन (जोड़ने पर)–– 8x–8y=16 =झ8(x–y)=16 =झx–y=2

व्यवकलन (घटाने पर)–– 2x+2y=6 =झ2(x+y)=6 =झx+y=3

इसलिए x=5/2, y=1/2.

8. पूरणापूरणाभ्याम्

अर्थ: पूर्ण या अपूर्ण (बिना पूर्ण) करने से

प्रयोग: वर्ग,घन,चतुर्घात इत्यादि को पूर्ण करके या किये बिना समीकरणों को हल करने में।

*पारंपरिक गणित में इसका प्रयोग पहले से ही किया जा रहा है (solution by completing square)।

उदाहरण: द्विघात को पूर्ण करके हल करना––

x'2 +2x–8 = 0 =झx'2 +2.1.x+ 1'2 –8 –1'2 =0

=झx'2 +2x+1 –9=0

=झx'2 +2x+1 = 9

=झ(x+1)'2=9 =झx+1 =3 या –3

इस प्रकार x = 2 या –4 होगा।

9. चलनकलनाभ्याम्

अर्थ:चलन–कलन की क्रियाओं द्वारा

प्रयोग: द्विघात समीकरणों को हल करने में। अन्य स्थानों में भी।

उदाहरण: x2 + 5x + 4 = 0

इसका विविक्त्कर D=5'2 – 4.1.4=25–16=9

x2 + 5x + 4 का प्रथम अवकलज (first differential)

होगा=2x+5

इस सूत्र के अनुसार 2x+5=(D का वर्गमूल) =झ2x+5=+3 या 2x+5=–3

अतः x=–1 या –4 होगा।

10. यावदूनम

अर्थः जितने का विचलन(कमी/अधिकता)है/जितना कम है।

प्रयोगःकिसी संख्या का घन निकालने में।

उदाहरणः 103 का घन––यहाँ (आधार 100 से) विचलन+3 है।

घन निकालने के चरण (step) हैं

1). जितना विचलन है उसका दुगुना विचलन और करो––– 103+6=109

2). विचलन को विचलन के तिगुने से गुणा करो––– 3x9=27

3)। विचलन का घन =3'3=27

इस तरह 103 का घन हैः–103'3 =109/27/27=1092727

11. व्यष्टिसमष्टि

अर्थः इसका प्रायोगिक अर्थ हो सकता है––समष्टि (समूह) से व्यष्टि (एकल) में बदलकर।

प्रयोगः चतुर्घात समीकरणों––जिनके LHS में दो द्विपदों के चतुर्घातों का योग रहता है और RHS में कोई निश्चित संख्या होता है––के गुणनखंडन करने में।

उदाहरणः (x+7)'4 +(x+5)'4 =706

––दोनों द्विपदों के औसत, x+6 को y मान लेते हैं.

तब, (y+1)'4 +(y–1)'4 =706

=झ2y'4 +12y'2+2   –– (y'3 और y कट गए)

=झy'4 +6y'2 –352 = 0

=झy'2 =16 या –22

और इस तरह y का मान ज्ञात किया जाता है।

*यह सूत्र कभी कभी इस तरह के सवालों के लिए भी लागु नहीं होता है।

12. शेषाण्यंकेन चरमेण

अर्थः अवशेष को अंतिम अंक के द्वारा।

प्रयोगः विशेष भाग/दशमलव भिन्न की क्रियाओं में।

उदाहरणः 1/7=

7 से 1 को भाग देने में, भजनफल (quotient) में दशमलव लिखने पर अब 1ला भाज्य है 10——–शेष=3

2. Q=4; R=2 3. Q=2; R=6 4. Q=8; R=4 5. Q=5; R=5

यहाँ शेष (अवशेष)है : 1 (सबसे पहले), 3 (पहले भाग से),2,6,4,5 ——–इसके बाद फिर वही क्रम शुरू हो जायेगा।

उत्तर पाने के लिए इन अवशेषों को 7 से गुणा करेंगे और गुणनफल का अंतिम अंक लिखेंगे–

3x7=21 ——– 1 ——–3 2रा अवशेष है——— सबसे पहले का अवशेष सबसे अंत में गुणा होगा।

2x7=14 ——– 4

6x7=42 ——– 2

4x7=28 ——– 8

5x7=35 ——– 5

1x7=7 ——– 7 —————यहाँ 1 सबसे पहला अवशेष है।

इस तरह 1/7=0.142857

13. सोपान्त्यद्वयमन्त्यम्

अर्थः अंतिम तथा उपान्तिम का दुगुना

प्रयोगः 1/A.B +1/A.C = 1/A.D +1/B.C के प्रकार के समीकरण हल करने में। (A,B,C,D समान्तर श्रेढ़ी में हैं)।

उदाहरणः

$A=(x+2), B=(x+3), C=(x+4), D=(x+5)$ ----यहाँ अंतिम है $(x+5)$ और उपान्तिम है $(x+4)$

इसलिए $(x+5) + 2(x+4)=0 \Rightarrow x = -13/3$.

14. एकन्युनेन पूर्वेण

अर्थः पूर्व वाले से एक कम द्वारा।

प्रयोगः उन संख्याओं के गुणन में प्रयुक्त होता है जिनके गुणक में सभी अंक 9 होते हैं।

उदाहरणः 783x999 =

यहाँ पूर्व 9 वाले को नहीं मानना है दूसरा वाला हमेशा ही पूर्व के रूप में माना जायेगा।

अब पूर्व का एकन्यून है --- 783−1=782

इसलिये गुणनफल होगा---- 782 / (999−782) =782217।

15. गुणितसमुच्चय

इस सूत्र तथा अगले सूत्र में समुच्चय का अलग अलग अर्थ है और उसके साथ गुणित या अगले सूत्र में गुणक लगा है। हम सूत्र का प्रायोगिक अर्थ देखेंगे।

अर्थः गुणनखंडो के गुणांकों के योग का गुणनफल, गुणनफल के गुणांकों के योग के बरावर होता है = product of S' of the factors; where S' stands for sum of co-efficients).

जैसे - $3x^2+5x+2=(x+1)(3x+2)$

गुणनखंडों के गुणांको के योग का गुणनफल=(1+1)(3+2)=10

गुणनफल $(3x^2+5x+2)$ के गुणांको का योग=3+5+2=10.

प्रयोगः गुणनखंडों और गुणांकों में संबंध स्थापित कर गुणनखंडन करने में।

उदाहरणः $x^3 +6x^2 +11x+6$ का गुणनखंडन-----

हमें ज्ञात है कि $(x+1)$ इसका एक गुणनखंड है. 'आद्यं आद्येन'

के प्रयोग से (x+1) (x'2 +......+6); अब सूत्र के प्रयोग से———

(1+1)(1+......+6)=(1+6+11+6) अर्थात् रिक्त स्थान में 5 होना चाहिए।

इस प्रकार हम पाते हैं (x+1)(x'2 +5x +6)=(x+1)(x+2)(x+3)।

16. गुणक समुच्चय

अर्थ: यदि द्विघात व्यंजक दो द्विपदों (x+a) तथा (x+b) का गुणनफल है,तब इसका प्रथम अवकलन दोनों गुणनखण्डों का योग होता है आदि आदि*। (if and when a quadratic expression is the product of the binomials (x+a) and (x+b), its first differential is the sum of the said two factors and so on.)

——इसको (x+6) (x–5) लिख सकते है। अगर इस द्विघात समी0 का प्रथम अवकलन D1 हो तो,

D1= गुणनखंडो का योग =झ2x+1= (x+6) + (x–5)।

*यह कार्य तो हमने चलन–कलन सूत्र से भी किया था किन्तु इस सूत्र से अधिक घात वाले व्यंजको का एक से अधिक कलन D2, D3 आदि के साथ भी कार्य किया जाता है।

●●●